KB262084

떼제 이야기

J. L. Gonzalez Balado
TAIZÉ
© A. R. Mowbray & Co. Ltd 1992

Translated by Hwang Aie-Kyung
© Benedict Press, Waegwan, Korea 1997

떼제 이야기
1997 초판
옮긴이: 황애경／펴낸이: 김구인

© 분도출판사(등록: 1962년 5월 7일·라15호)
718-800 경북 칠곡군 왜관읍 왜관리 134의 1
편집부: (0545)971-0629
영업부: 〈본사〉(0545)971-0628 FAX.972-6515
〈서울〉(02)266-3605 FAX.271-3605
우편대체 계좌 : 700013-31-0542795
국민은행 계좌 : 608-01-0117-906
ISBN 89-419-9717-8 03230

값 4,500원

곤잘레스 발라도

떼제 이야기

황애경 옮김

분 도 출 판 사

목 차

메아리 ······································· 7

  서로 다르면서도 비슷하다 ················· 12

  나는 젊은이들을 신뢰한다 ················· 15

시작들 ······································ 21

  로제 루이 슈츠 마르소슈 ················· 22

  "불가지론자" 로제 ······················· 26

  이제 무엇을? ··························· 27

  전쟁으로, 삶으로 ······················· 30

  일생을 건 투신 ························· 35

  공동체의 비유 ························· 41

진행중 ······································ 47

  지구를 가로질러서 ····················· 47

  다가오는 봄의 신호들 ··················· 50

  순례자들과 친구들 ····················· 57

  1986년 10월 5일 ······················· 61

떼제와 젊은이들 ····························· 69

  기도하는 장소 ························· 70

  투신하라는 부름 ······················· 77

  그리스도 부활하셨도다! ················· 83

  본당 그리고 그 신자들과 함께 ············· 95

신뢰의 순례 ·· 103

내적인 여행과 외적인 여행 ························· 105

연대를 형성하기 ···································· 112

유럽 집회 ·· 117

대륙에서 대륙으로 ································· 128

일생을 바치기 ·· 137

일치의 종: 원장 ···································· 139

창조의 소박한 아름다움 ··························· 141

평생의 독신생활 ···································· 145

도전 ··· 148

메 아 리

1987년 8월 어느 여름날 오후 다섯시. 우리는 프랑스 동부 시골의 언덕 비탈에 있었다. 젊은이 수백 명이 "화해의 교회"와 "노란 집" 사이 들판에 세워진 대형 천막 "텐트 A"에 모여 인도 젊은이들의 이야기를 듣고 있는데, 프랑스어·이탈리아어·스페인어·핀란드어·폴란드어 등 여러 나라 말로 동시통역되고 있었다. 이 시간은 "대륙간 모임" 중의 차 마시는 시간이다. "대륙간 모임"은 떼제라는 이 마을에 전세계 젊은이들이 여름 내내 함께 모이는 것을 말한다. 길 저편에도 이와 비슷한 텐트가 있는데 다른 젊은이들이 아프리카 젊은이들의 이야기를 듣고 있었다. 매일 오후 다섯시, 사람들은 성서 묵상, 소그룹 나눔, 기도와 침묵, 작업 등 바쁜 일과를 잠시 멈추고 모여서 차를 마신다. 이 시간에는 남아프리카 공화국, 자이레, 칠레, 페루, 아이티, 태국의 북서부 등 아주 멀리서 온 사람들이 자기 나라를 소개하면서, 자신들의 신앙과 희망 그리고 민족의 희망에 대해 이야기한다.

오늘 텐트 A의 연사들은 남인도에서 온 젊은이들이다. "타밀 나두는 힌두교 전통으로 알려진 곳입니다" 하고 마리아 아녜스가 말한다. "그런가 하면 복음을 전하러 온 토마 사도 덕분에 인도 교회의 발상지이기도 합니다. 그분은 성 토마 산에서 순교했는데, 거기에 우리 본당이 있습니다."

떼제 마을 전경

"여러분도 아시다시피, 떼제의 첫 대륙간 모임은 인도 마드라스에서 열렸습니다" 하고 샤론이 이어받는다. "우리 젊은이들은 떼제 수사님들과 함께 1년 동안 모임을 준비했는데 이때 우리는 남인도 교회, 루터 교회, 시리아 정교회 등 모든 교파의 그리스도인과 함께 일했습니다. 그 모임에는 힌두교도와 회교도들도 많이 참가했습니다.

"그 모임은 인도에 살고 있는 우리가 전세계 젊은 그리스도인들을 만날 수 있고 또 세계적 교회관을 가질 수 있는 아주 좋은 기회였습니다. 이제 우리는 전세계에 가족을 가지게 되었습니다. 일본, 한국, 태국, 캄보디아, 말레이시아 등 아시아와 호주에서도 많은 사람이 왔습니다. 그리고 떼제는 마드라스의 여러 교회들을 함께 모으는 역할을 했습니다. 예를 들면 우리 동네에는 가톨릭 교회와 남인도 교회가 나란히 있었지만 함께 활동한 적은 없었는데, 이 모임을 통하여 젊은이들이 함께 일함으로써 지속적인 우정을 맺을 수 있게 되었습니다. 하지만 우리가 갈 길은 멉니다. 왜냐하면 여러분도 아시다시피 인도에는 그리스도인들이 전체 인구의 2%밖에 되지 않기 때문입니다. 하지만 이제 우리는 함께 길을 걸어나가리란 것을 압니다."

샤론이 말을 마치자 존 보스코가 인도에서 가장 가난한 지역에 있는 자기 본당 샤스트리나가르 본당에 대해 설명하기 시작한다. 거기 주민들은 타밀족으로, 영국인들에 의하여 버마로 이주당했고, 버마가 독립하자 거기에서 쫓겨났다. 1962년에는 마드라스에 정착하여 도시의 하수가 흘러드는 커다란 웅덩이 옆에 오두막집을 짓고 살 수 있는 허가를 받았다. 얼마 지나지 않아 힌두교도들과 그리스도인들 사이에 긴장이 폭발하자 젊은이들은 이 상황에서 무언가 하고 싶었다. "마드라스 집회를 준비하는 동안 교회 어른들은 아무런 지원도 해주지 않았습니다. 우리가 힌두교 형제들과 문제를 일으킬지도 모른다고 여겼기 때문이지요. 그렇지만 우리는 일을 진행하면서 '그렇지 않습니다. 우리 젊은이들은 스스로를 도야하고 발전시킬 것이며 우리들 사이에 평화를 이룩할 것입니다' 하고 그분들을 설득하였다. 다행히도 마드라스 집회가 전환점이 되었습니다. 우리는 텐트를 준비하여 유럽 등지에서 온 친구들을 맞이하였습니다. 그제야 어른들은 뭔가 특별한 일이 일어나고 있다는 것을 느끼고 우리를 지원하기 시작했습니다. 그로 인해서 어른들과 젊은이들 사이에 일치가 이루어졌고 그것은 아직도 지속되고 있습니다. …"

여섯시 종이 울리면서 차 마시는 시간이 끝났다. 사람들은 다양한 모임과 활동에 참여하기 위해 다시 흩어졌다. 나는 샤론과 함께 손님들 숙소인 "엘 아비오드"로 걸어가면서, 떼제에 머문 지 얼마나 되느냐고 물었다. "두 달입니다. 거의 두 달 반이지요. 처음에는 그룹 토의에 참가한 다음 잠시 침묵 피정을 하였지요. 그 다음에는 여러 나라에서 온 젊은이들과 함께 일했습니다. 나는 특히 자녀들이 있는 젊은 부부와 함께 일하는 것을 좋아하는데 그 이유는 그들을 보면 우리 나라의 가족적인 분위기가 생각나기 때문이지요. 어린이들과 함께 있을 때는 어떤 언어를 써야 할지 염려하지 않아도 됩니다."

함께 걸어가는 동안 샤론은 자신에 대해 좀더 많은 것을 이야기해 주었다: "저는 방금 대학에서 경영학 공부를 마쳤습니다.

집에 돌아가면 앞으로 무엇을 해야 할지 진로를 선택해야 합니다. 아주 중요한 시기지요. 인도의 젊은이들은 인도가 지니고 있는 풍요로움은 의식하지 못하고 서구를 우상화하는 경향이 있습니다. 대학에서는 서구를 모방해서는 안된다는 말을 거듭 들었는데 그때는 그 말을 이해하지 못했습니다. 오히려 어리석다고 생각했지요. 그런데 지금은 그렇지 않습니다. 고향을 떠나보니 우리 것이 소중하게 여겨지는군요."

우리는 "엘 아비오드"의 정원에 앉았다. 정원 잔디에는 안드레 아회의 수녀 몇 분이 젊은 여성들과 함께 앉아서 깊은 대화를 나누고 있었다. 나는 샤론에게 어떻게 떼제와 인연을 맺게 되었는지 물었다. "처음에는 수녀님들을 만났습니다. 그분들이 제가 일하는 피정 센터에 와서 말을 거셨지요. 그해는 세계 젊은이들의 해였는데, 저는 마드라스에서 대규모 집회가 열린다는 소리를 듣고 좀 들떴습니다. 그렇지만 처음에는 이런 모임을 왜 준비하는지 그 의미를 이해하지 못했기 때문에, 좀 초조해질 때도 있었지요. '활동에 대해서는 언제 이야기합니까? 그들은 희망의 표지들을 찾는 것에 대해서만 이야기합니다!' 모임 내내 나는 본당으로 달려가서 이런저런 준비를 하고 로욜라 대학에 돌아와서 참가자들을 맞이하는 등 아주 바쁘게 지냈습니다. 새벽 다섯시 반에 집을 나서서 밤 열한시가 되어야 돌아오곤 했지요. 그렇지만 즐거웠습니다. 마드라스에서 다른 사람들을 맞이한다는 것은 정말 멋진 일이었습니다."

그러고 나서 유럽에 머물렀던 이야기를 해주었다. "우리처럼 멀리서 온 사람들에게 유럽 교회 방문은 매우 소중한 기회였습니

다. 자신이 한 교회에서 다른 교회로 파견된 참된 사자使者, 사절
이란 것을 깨달았는데, 방문지의 교회생활을 발견하는 데 그치지
않고, 자신의 신앙을 다른 사람들과 함께 나눔으로써 확인한다는
점에서 더욱 그러했습니다. 다른 사람을 이해시키기 위해서 설명
해 주다 보면 자신을 확실히 이해하게 됩니다." 샤론은, 남아메
리카인 둘, 잠비아인 둘, 인도인 둘 등 여섯 명으로 이루어진 팀
의 일원으로 이탈리아를 방문하였다. "우리 태도를 끊임없이 비
교하면서 이탈리아인들과 함께 생활하는 것은 멋진 일이었습니
다. 그러고 나서 토리노에서 기도 예식이 있었는데, 거기에는 여
러 도시의 젊은이들이 5백 명 정도 모였습니다. 우리는 신자석의
의자들을 모두 치워버리고 십자가 주위에 모여 기도했습니다. 나
는 거기에서 떼제의 일면을 발견하고 감동받았습니다. 그리고 기
도하는 내내 마드라스 교회의 지원을 받고 있다고 느꼈고 실제로
기도중에 일치한다는 전갈을 참 많이 받았습니다. 그때 나는 누
가 내 진정한 친구들인지 깨달았습니다."

서로 다르면서도 비슷하다

식사시간이 되어 우리는 작별인사를 하였다. 샤론과 대화하면
서 나는 15년 전에 그 언덕에서 알리슨과 나누었던 대화를 생각
하게 되었다. 알리슨은 영국에서 왔는데, 문학 공부를 마치자마
자 자신의 표현에 의하면 "사물을 깊이 파악하기 위해서" 일 년
간의 휴가를 가지기로 했다. 그는 떼제에서 사람들을 맞이하고
그룹 토의를 이끌어가는 등 일을 도우면서 시간을 보내곤 하였
다. 나중에는 젊은이들과 함께 서아프리카로 가서 케냐와 탄자니

아, 그리고 잠비아에 있는 교회들을 방문하고 나이로비의 빈민 지역에서 두 달을 보냈다. 또 다른 사람들과 함께 영국 브리스톨 중심부에 "개방된 집"을 세워 갈 곳이 없는 사람들을 맞아들이면서 그곳의 주택 문제에 관여하기도 했다.

시간적으로나 지역적으로 그렇게 멀리 떨어져 있는 이 두 사람 사이의 유사성에 대해, 그리고 이 유사성을 발견하게 해주는 여기 공동체의 소명이 얼마나 독특한지에 대해 생각하고 있을 때 팀과 마주쳤다. 팀은 열여덟 살 된 미국 젊은이로서 훌륭한 유머 감각으로 다른 사람들을 즐겁게 해줄 수 있는 재능이 있었다. 그는 떼제에서 사람들을 맞이하고 돌보아주는 일을 하면서 18개월을 지냈다. 전에 나는 그의 삶의 여정에 대해서, 그리고 그 여정에서 떼제의 역할에 대해 질문한 적이 있었는데, 그는 그 질문에 대한 대답으로 최근에 써 놓았던 글을 보여주었다.

"1985년 가을, 나는 '나의 길을 가고 있다'는 확신을 가지고 있었다. 그렇지만 어디로 가고 있는가? 나는 4년제 고등학교를 별탈없이 졸업하고 일류 대학에 입학하였다. 나는 오늘날 미국을 비롯한 전세계 젊은이들이 가지고 있는 자아상을 이루어가고 있었다. 경쟁을 위해 갈고닦는 성공적인 이 챔피언 상像은 바로 자기 중심적이고 비양심적인 소비자, 성취 위주의 사회에서 매우 귀중한 상품인 '승리자'가 되는 것이었다.

토마스 머튼의 표현을 빌리자면, 나는 행복을 찾는 '대부분의 사람들'과 별다름없이 '모든 것을 이해하고, 모든 것을 보고, 모든 체험을 심사숙고하고 나서 거기에 대해 말하기 위해' 프랑스에 왔다. 다행히도 내가 이 목표에 도달하기 전에 여러 장애물을 만났다.

작년 12월 20일 떼제 마을로 가는 길을 처음 오를 때, 나는 크리스마스를 수도원에서 보낸다는 막연히 낭만적인 생각 외에는 별로 기대하는 게 없었다. 그런데 지금은 그 2주일 동안 어떤 일이 시작되었는지 말로 표현하고 전할 수 있다. 그 2주일은 영적 추구의 시발점이요, 계속 발견하는 체험의 시발점이었던 것이다.

우선 형제들의 삶, 대수도원 전통의 정신 안에서 기도하고 일하고 일치하는 그 단순한 삶이 인상적이라고 여겨졌다. 그분들은 논쟁이나 국민투표와는 상관없이 기쁨, 단순성, 자비라는 진복의 정신 안에서, 살아 있는 화해의 표지가 되려고 노력하고 있었다.

그다음 인상적인 것은 모임에 참가하려고 찾아온 수천 명의 방문자들과 만나는 체험이었는데, 그들 중에는 다른 사람들에게 무언가 해주려고 앞장서는 사람이 많았다. 사람들은 각기 신앙과 투쟁의 독특한 체험을 간직하고 있으며 그것을 나눔으로써 현실 너머에 있는 세계를 향한 안목을 가지게 된다.

세번째 인상적인 것은 순례 정신이었다. 우리는 각자 서로 다른 환경에서 왔고, 관점들이 서로 다르며, 공동 목적에 대한 희망 외에는 공통점이 거의 없었다. 우리는 미가 예언서의 말대로 '정의를 추구하고 선을 사랑하며, 하느님과 겸손하게 걷도록' 불림받은 것이다.

떼제에 머무는 동안 이 세 가지가 내 영혼에서 싹터 뿌리내리게 되었고, 3월에 다시 돌아왔을 때는 내가 지니고 있는 가치와 동기들에 대해 근본적으로 재평가할 수 있게 되었다. 자기 중심적으로 살아온 내게, 단순성을 택하고 봉사하는 삶을 받아들인 사람들의 산 모범은 그동안 들어온 어떤 말보다 엄청난 도전이 되었다. 나는 내가 살아오던 삶, 즉 단순한 것보다는 현학적인 것, 화해보다는 경쟁을 추구하던 삶에서 철저하게 떠날 필요가 있다는 것을 느꼈다.

'떼제에서 무엇을 발견했습니까?' 하고 묻는다면 나는 '내 영역과 지위를 지배하는 자를 만났다'고 한 제랄드 맨리 홉킨스의 말을 인용할 것이다. 나는 분주한 세상 한가운데서 단순성과 관상을 살아가려는 갈망을 발견했다. 나는 목적과 방향 감각을 찾은 것이다."

나는 젊은이들을 신뢰한다

방금 우리는 거의 15년의 간격이 있는 세 대륙의 젊은이들로부터 메아리를 들었는데, 그 시간과 공간의 차이에도 불구하고 공통점이 있었다. 이런 연속성을 보고 감동받은 폴란드의 어느 철학자가 다음과 같이 말했다.

"최근 몇 년 사이에 억압적이고 활기없는 세상에 저항하는 사조들이 나타났다. 모임, 공동체, 운동 등이 여기저기서 생겨나 젊은이들은 세상을 벗어나 뭔가 다른 삶의 양식을 찾아 떠난 것이다. 그들 중에는 세상을 변화시키려고 하는 사람들도 있었고, 그저 세상에서 이탈하여 자기 방식대로 사는 사람들도 있었다. 그들의 운명은 다양했는데, 대부분은 지치고 낙담하여 흩어졌다. 다시 현실에 순응하게 된 것이다. 그런데, 세계 지도에는 젊은이들을 끌어당기는 매력을 지닌 곳이 딱 한 군데 있다. 거기에는 뭔가 다른 것, 다른 형태의 삶을 추구하는 젊은이들이 찾아오고 있으며, 그 수는 점점 더 늘어가기만 한다. 그곳은 형제들의 공동체로서 엄청난 활동계획을 세우지도 않고 그렇게 많은 순례자가 오기를 기대하지도 않는다. 그들은 누구인가? 그들은, 자신들의 표현대로 '서로를 선택하지 않았지만 초대 그리스도인 공동체의 삶을 살아가고자 하는 남성들이다'. 그들은 기도하고 하느님을 추구하기를 원하며, 그리스도인들 사이에서 일치의 표지가 되기를 원한다. 그들을 찾아오는 사람들 특히 젊은이들은 점점 늘어가기만 한다. 방문자들은 질문을 하고 기도에 참여하기 시작한다. 무엇보다도 형제들은 젊은이들의 이야기에 귀기울이고 그들 스스로 길을 발견하는 데 도움을 주려고 한다."

떼제의 두 면모: 떼제는 모든 생활이 관상에 뿌리박고 있는 곳으로, 기도하는 공동체, 모든 세대가 만나고 젊은이들이 환영받는 곳이다. 지난 25년 동안 유럽을 비롯한 모든 대륙에서 수십만 명이 방문했는데, 도무지 줄어들 기미가 보이지 않는다. 왜 그럴까? 무언가 이해할 때는 다른 것과 비교하는 방법을 사용할 때가 많은데, 떼제도 여러 지역의 온갖 단체나 모임들과 비교되어 왔다. 내가 알기로 떼제는 그 역사나 특성에 있어서, 현재 존재하는 그 어느 것과도 비교할 수 없고, 전에 있었던 그 어느 것과도 비교할 수 없다. 미래에 대해서는, 어느 날 "떼제 같은 것"이 생겨난다 해도, 그것은 지금 떼제와는 전혀 다른 것이라고 분명히 말할 수 있다! 떼제는 움직임 속에서 태어났고 움직임 속에서 지속되고 있다. 하나의 잠정적인 형태에서 또 다른 형태로 끊임없이 넘어가고 있는 것이다. 창설자 로제 수사는 1965년 『잠정적인 것의 역동성』이라는 책을 썼는데, 그러한 태도는 공동체에 결정적인 역할을 해왔다. 그리고 그것은 로제 수사의 초기 저서 『하

느님을 위하여 오늘을 살다』라는 책에 분명히 나타나 있다. BBC 방송에서 떼제의 생활 모습을 그린 수작「오늘을 위한 자리」는 이 책에서 제목을 따온 것이다.

로제 수사가 지은 책들은 모두 "오늘"에 대한 관심으로 특징지을 수 있는데, 최근에는 일기장에서 발췌한 글과 특정한 복음 주제에 대해 묵상한 글을 합하여 여러 권의 책이 출판되었다. 그리고 연말에는 젊은이들이 "길을 발견"하는 데 도움을 주고 남녀노소를 불문하고 모든 사람의 일생에 걸친 순례에 동반하기 위해 공개편지를 쓴다. 그는 젊은이들과 대화할 때 그들이 제기하던 질문들을 염두에 두고 또 그들의 희망과 어려움에 관심을 기울이면서 여러 달 전부터 이 작업을 시작한다. 그러고 나서 여러 주일 동안 편지를 써서 "유럽 모임"에서 발표한다. 로제 수사는 이 편지가 담고 있는 내용이 참으로 보편적이라는 것을 확인하고 또 가혹한 세계 현실을 고려하기 위해서, 세계에서 가장 가난한 지역에서 생활을 하면서 마무리짓는데, 편지 제목은 그 지역 이름을 따서 짓는다. 뽀르또프랭스에 있는 빈민가에서 지내고 난 후에 쓴「아이티에서 온 편지」(1983), 가뭄과 기근이 한창일 때 사하라 남부에서 쓴 1984년의「사막에서 온 편지」, 인도 대도시의 빈민 지역에 머물면서 마무리지은「마드라스에서 온 편지」(1985) 등 …

그 편지는 다음해 떼제를 비롯한 세계 각처에서 열리는 모임의 묵상 자료가 되는데, 보통 20개 이상의 언어로 번역된다. 해마다 편지를 쓰는 것은 새로운 세대가 제기하는 문제에 반응하고 또 오늘의 언어로 복음의 진리를 표현하기 위해서다. 최근 여러 해 동안 젊은이들은 무관심과 절망을 체험하였다. 그리하여「마드라

스에서 온 편지」에서는 아직도 희망을 가져도 된다는 사실을 일
깨워주고 있다.

여러분이 국가간의 불신과 깨어진 인간관계로 인한 타격으로 절
망하였다면, '소용없다. 우리는 아무것도 할 수 없다. 되어가는
대로 내버려두자' 하는 태도로 입술과 심장이 얼어붙도록 내버려
두겠습니까?

자기 민족을 위해서 아무것도 할 수 없다고 포기하고 나무 아
래 누워 잠들어 잊어버린 예언자 엘리야처럼 자포자기하고 말겠
습니까?

여러분은 깨어 있겠습니까? 여러분의 앞날은 창창합니다. 행동
하기로 결정한 저 남녀 그리고 어린이들 사이에 자리잡지 않겠습
니까?

그들은 예기치 않은 힘을 가지고 있습니다. 그들의 단순한 삶
은, 바로 그 단순성으로 우리에게 말을 겁니다. 그들은 함께 일치
하고 서로 나누면서 무관심의 마비를 몰아내고 불신과 증오를 누
그러뜨립니다. 그들은 신뢰와 화해의 전달자입니다.

"신뢰와 화해의 전달자들." 이 말에서 나는 로제 수사의 삶과 그
가 시작한 공동체 생활의 메아리를 듣는 듯하다. 떼제에서 이런
복음적 가치를 새롭게 발견하는 사람이 그렇게도 많다면, 그 뿌
리는 창립자 자신의 내적인 여정에서 찾을 수 있을 것이다. 이것
은 다른 사람들도 인정하는 바다. 1974년 로제 수사는 템플턴 상
을 수상했는데, 심사위원들의 말에 의하면, 이 상은 종교에 관계

없이 사람들 안에서 "하느님에 대한 인식과 사랑"이 자라게 하는
데 공헌한 사람에게 주는 것이다. 로제 수사는 화해를 위해 일하
는 젊은이들에게 수상금을 모두 주었지만, 필립 공으로부터 상을
받기 위해서 런던으로 갔다. 그리고 길드홀에서 다음과 같은 내
용의 연설을 했다. "나는 새로운 세대를 신뢰한다고, 젊은이들을
신뢰한다고 말하고 또 말하기 위해서 지구 끝까지, 세상 끝까지
가고자 합니다. 우리 기성세대는 젊은이들에게 귀기울여야 합니
다. 결코 비난해서는 안됩니다. 귀기울이십시오, 오늘날 젊은이
들의 마음에 살아 있는 아주 창조적인 직관을 이해하기 위해 언
제나 귀기울이십시오. 그들은 길을 열려고 합니다. … 그리고 자
신들의 열차 안으로 하느님의 백성을 모두 끌어들일 것입니다."

그해 독일 프랑크푸르트의 구연방의회에서 열린 모임에서
"1974년 평화의 인물"로 명명된 로제 수사는, 신뢰하고 귀기울이
자는 이 소명이 자신의 젊은 시절에 기원을 두고 있다고 연설하
면서 보통 때와는 달리 자기 과거를 좀 분명하게 언급하였다. 우
리 메아리의 마지막 부분에 이 초기의 결정적인 순간을 언급하는
것이 아주 적절하리라고 본다.

"내가 젊었을 때 인류는 분열되어 있었습니다. 내게는 끊임없
는 질문이 떠올랐습니다. 왜 이런 갈등이 생겨났는가? 사람들이,
그리스도인들조차 서로 무조건 단죄하는 이유는 무엇인가? 과연
한 사람이 다른 사람을 완전히 이해할 수 있는 길이 있을까? …
그러던 어느 날 저녁 부드러운 빛과 함께 마을이 노을 속으로 사
라지는 가운데 나는 결심했습니다. 나는 그 날과 장소를 정확하
게 기억하고 있습니다. 나는 스스로에게 말했습니다. '그 길이

분명히 있다고 가정하자. 이제 나 자신부터 시작하고 어떤 경우
에라도 모든 사람의 모든 것을 이해하는 데 자신을 내던지자.'
그날 나는 그 결심이 결정적이라는 것, 그리고 죽을 때까지 지속
되리라는 것을 확실히 알았습니다. 나는 일생 동안 이 삶을 건
결심으로 끊임없이 되돌아올 것입니다. 다른 사람이 나를 이해하
게 만들기보다는 내가 모든 것을 이해하려고 애쓸 것입니다."

시 작 들

처음부터 이야기를 시작해야겠다. 그런데 어디서부터 시작하는 게 좋을까? "다른 사람이 나를 이해하게 만들기보다는 내가 다른 사람들을 이해하자"는 결심을 시작으로 삼을 수도 있다. 그 결심으로 이해와 친절 그리고 사랑으로 일관된 생이 열린 것이다. 아니면 로제가 처음 떼제에 도착한 1940년? 첫 일곱 형제들이 온 생애를 공동체에 바치기로 결심한 1949년? 로제가 태어난 날? 어떤 의미에서는 1958년 11월 6일을 시작으로 삼을 수도 있다. 불과 며칠 전인 10월 28일까지만 해도 전세계는 모두 궁금해하고 있었다. "누가 교종이 될까?" 몇 주일 전에 비오 12세가 영면했다. 그 수요일 오후 까날리 추기경이 교종 선거 회의실에서 나와 "기뻐하십시오. 교종님이 선출되었습니다!" 하고 알렸다. 아마 추기경 자신도 아무도 예상하지 않은 이름을 발표하면서 묘한 기분을 느꼈을 것이다. 나이는 77세, 베니스의 대주교이며 한때 파리 주재 교종대사였던 안젤로 쥬세뻬 롱깔리 추기경. 그분이 바로 교종 요한 23세였다. 다른 22명의 이름을 기억하는 사람이 있을까? "전환기의 교종!"

로마에는 새 교종님을 단 몇 초라도 꼭 만나고 싶어하는 추기경이 한 분 계셨다. 리용의 제를리에 추기경, 그 노추기경은 자신이 얼마 살지 못하리라는 것을 알고 있었다. 그분이 아주 중요하게 여기던 문제가 둘 있었는데, 그것은 그리스도인들의 일치와 사회정의에 관한 문제였다. 이제 그분은 삶을 마치기 전에 새 교종에게 그러한 관심사를 전해주고 싶었는데, 이 문제에 대해서는 떼제의 창설자요 원장인 로제 수사가 가장 큰 도움이 될 것이다. 그리하여 제를리에 추기경은 알현을 마치면서 로제 수사를 만나 보라고 제안했다. 교종님은 교종이란 직책이 자신에게 아직도 얼마나 생소한지 솔직히 말하고 너무 어려운 문제를 제기하지 말라는 조건을 붙이며 기꺼이 응했다.

그리하여 교종 즉위식 이틀 후인 11월 6일 아침, 하얀 수도복을 입은 로제 수사와 막스 수사는 요한 23세가 맞이하러 나오는 문으로 걸어갔다. 우리는 이 만남이, 다른 모든 알현과 마찬가지로 우호적이고 정감이 있었다는 것을 확신할 수 있다. 그것은 앞으로 있을 여러 번의 알현과 우정의 시작이었다. 2년 후에 교종은 "아, 떼제, 그 작은 봄소식!" 하는 말을 하면서 형제들과 인사했다. 이는 다른 모험들의 시작이기도 했다. …

로제 루이 슈츠 마르소슈

로제의 어머니 아멜리 마르소슈는 프랑스인으로서 북부 부르고뉴 태생이었고 아버지 샤를 슈츠는 스위스 주라 태생의 목사였다. 아멜리도 목사 집안에서 태어났는데, 그들의 약혼은 그 시대의 관례대로 두 가정 사이의 정혼으로 이루어진 것이었다. 그들은 결혼한 후 스위스의 주라에서 살았는데 슬하에 2남 7녀를 두었다. 로제는 그 중 막내로서 1915년 5월 12일 너샤텔에서 15마일 떨어진 곳으로 아버지가 목사로 일하고 있던 프로방스라는 작

외할머니와 어머니,
누나들과 함께

세 살 때의 로제,
이모와 누나와 함께

은 마을에서 태어났다. 그에게는 이름이 둘 있었지만 두번째 이름은 세례 장부에만 적혀 있을 뿐이고 언제나 "로제"라고 불리었다. 그는 이 이름을 아주 좋아했다. 로제의 저서 어딘가에는 일곱 누이들이 함께 모여 고심하며 이 이름을 선택한 이야기가 나온다.

로제는 아버지에 대해 이렇게 썼다. "나는 그분의 용기에 경탄했다. 우리 부모님은 우리가 참되고 진실하게 살기를 바라셨다." 다음 이야기를 들어보자. 이는 그 아들이 어떤 사람이 되었는지에 비추어보면 매우 의미심장한 추억이다. "아버지는 신비가였음에 틀림없다. 그분은 이른 새벽 혼자 교회에 가서 기도하곤 하셨다. 내가 열두 살 때 가톨릭 교회에 들어가서 침묵중에 기도하시는 것도 보았다. 마침 거기 있던 마을 소년들이 그분이 나오는 모습을 보았지만, 아버지는 거기에 대해 아무 설명도 하지 않으셨다. 나는 그때 깊은 인상을 받았다."

로제는 어렸을 때부터 "가톨릭"과 "개신교" 사이의 분열을 뛰어넘었음이 분명하다. 이 점에 대해서는 외할머니가 결정적인 역할을 하셨다고 한다. "1차 대전 당시 할머니는 프랑스 북부에 사셨습니다. 할아버지는 이미 돌아가셨고 세 아들은 전장에 나갔습니다. 집 가까이에서 폭탄이 떨어지는데도 피난을 하지 않으시고 노인, 어린이, 임산부 등 피난민에게 집을 개방하시다 마지막 순간에야 집을 떠나셨습니다. 할머니는 다른 사람들은 당신과 같은 일을 겪게 하고 싶지 않았습니다. 유럽에서는 그리스도인들이 서로를 죽이고 있었는데, 서로 화해한다면 새로운 전쟁을 피할 수 있을 거라고 그분은 믿고 있었습니다. 그분은 뼈대있는 개신교 집안에서 태어나셨지만, 당신 안에서 화해를 이루기 위해 가톨릭 교회를 찾곤 하셨습니다. 가톨릭 신자들에게는 일치를 이루는 원천이 성체성사라는 것을 어느 정도 깨달으신 것 같았습니다. 그분은 당신이 자라난 개신교 신앙과 가톨릭 교회의 신앙을 화해시키면서도 개신교 신자들과 결별한다는 인상을 주지 않으셨는데, 이는 기적과도 같습니다."

이런저런 추억들이 그가 쓴 글 여기저기에 흩어져 있다. 우리는 이런 추억들을 통해서 로제가 재정적으로 어려운 대가족에서, "목사"의 아들이라는 어려운 위치에서, 개방성·적응성 그리고 신중함을 배워가며 자랐다는 것을 알 수 있는데, 그런 특성들은 나중에 그 역량을 충분히 발휘하게 된다. 샤를 슈츠는 그 날을 보지 못했다. 그는 1946년 3월에 갑자기 세상을 떠났는데, 그때에는 아들이 시작한 모험에 대해 여러 각도에서 생각할 따름이었다. "어떻게 네가 시작한 일을 경제적으로 유지할 수 있겠느냐? 도대체 떼제에서 생활비는 마련할 수 있겠느냐?" 이것이 로제와 나눈 마지막 말이었다. 모친은 부친보다 훨씬 오래 사시다가, 1973년 12월에 93세를 일기로 세상을 떠났다. 그분은 오랫동안 떼제에서 살았는데, 돌아가실 무렵 "나는 삶을 사랑한다. 죽는 게 두렵지 않다. 나는 내가 어디로 가고 있는지 안다. 그리고 내가 믿는 분이 누구인지 안다" 하고 말했다. 그리고 돌아가시던 날에는 "기쁨 안에 머뭅시다. … 삶은 아름답습니다!" 말하고, "예수님 … 참 좋습니다!" 하고 여러 번 되뇌었다. 이것이 그분의 마지막 말씀이었다. 그분은 떼제의 교회묘지에 묻혔다.

"불가지론자" 로제

로제는 열세 살이 되자 좀 멀리 떨어진 도시에 있는 중학교에 들어가기 위해 집을 떠나야 했다. "시내에서 내가 머물 곳을 찾고 있었는데, 부모님은 두 집 중에 하나를 택하셔야 했다. 하나는 개신교 집이고 하나는 가톨릭 집이었는데 가톨릭 집은 가난했다. 그 집주인은 자녀가 많이 딸린 과부였는데, 남편의 죽음과 함께 모든 것을 잃어버린 터였다. 부모님께서는 내 하숙비가 그분에게 도움이 될 거라고 여기셨지만 종파가 달라서 좀 망설였다. 그렇지만 결국 관용이 이겼다. 그리하여 나는 가톨릭과 개신교, 두 집안에서 청소년기를 보냈다." 로제는 두 집을 다 "우리 집"이라고 여겼는데, 그의 그런 마음가짐은 교회일치의 소명이 형성되는 데 큰 역할을 했다고 한다.

중학 시절 로제는 심각한 신앙의 위기를 체험하였다. "여러 해 동안 나는 하느님을 믿지 않았다. 그런데 나 자신은 믿지 않으면서도, 오늘날 내가 보는 젊은이들처럼 진정으로 믿는 사람들을 보면 존경심을 품곤 했다." 로제 수사가 그 시절에 대해 이야기할 때는, 근본적인 불신앙의 시기라기보다는 "불가지론"의 시기 혹은 "믿는다고 말할 수 없는" 시기라고 표현하는 경향이 있다. 집주인 비올리 부인과 오랫동안 대화를 나눌 때는 언제나 신앙의 문제 그리고 그게 어떻게 가능한가 하는 문제 주위에서 맴돌았다. "그분은 지울 수 없는 인상을 남겨주었습니다." 로제 수사는 회상한다. "그분은 복음에 나오는 최상의 자유를 삶으로 사셨습니다." 로제는 홀로 교회에서 침묵의 시간을 보내곤 했다.

그 여러 해 동안, 로제는 영어권에서는 유례가 없는 프랑스 종교사의 한 부분을 발견했다. 파스칼과 뽀르르알! 그 발견이 그의 생애에 미친 영향은 엄청났다. 온 가족이 함께 모여 생트 버브가 쓴 뽀르르알의 역사를 낭독하기를 즐겼는데, 그 책을 다 읽는 데 여러 달이 걸렸다. 그리고 어머니 책상에 안젤리크 아르노 원장 수녀의 초상이 놓여 있는 것을 보았는데, 어머니는 그분을 "보이지 않는 친구"라고 말하곤 했다. 로제는 얀세니즘에 끌리지 않았지만, 뽀르르알의 열성적인 공동생활이 사람들에게 커다란 영향을 미쳤다는 사실에 매력을 느꼈다. 어떤 글에서 볼 수 있는 바와같이 격렬한 논쟁을 좋아하는 파스칼이 아니라, 의심해야 할 것이 무엇인지 아는 파스칼, 오직 하느님만이 주실 수 있는 행복을 얻고자 열심히 노력하고 선택하는 모험을 감행하는 파스칼이 마음에 들었다. 증명이 아니고 암시의 방법 그리고 "이성은 알 수 없지만 가슴이 가지고 있는 사려분별에 매혹된 것이다".

그때 로제가 결핵에 걸렸다는 사실만 보아도 이 위기가 얼마나 심각한 것이었는지 알 수 있을 것이다. 그때 결핵은 위험한 병이었다. 독서와 사색으로 채워진 회복기에 그는 점점 생기를 되찾게 되었으며, 내적인 평화와 청정함을 느끼기도 했다.

이제 무엇을?

로제 나이 스무 살, 그는 학생이었고 사춘기의 위기는 지나갔다. 이제 다음 단계에서는 무엇을 해야 할지 결단을 내려야 했다. 아버지는 신학을 공부해야 한다고 확신하고 있었지만 본인은 문학에 강하게 끌리고 있었다. "나는 작가와 농부가 되고 싶었다." 그는 여러 달 앓는 동안 글을 쓰기 시작했는데, 그 결과 「청교도적 소년기의 전개」라는 수필이 나왔다. 그는 『누벨 르뷔 프랑세즈』*Nouvelle Revue Française* 잡지사에 원고를 넘길 작정으로, 아버지께 여행의 진짜 이유를 밝히지 않은 채 파리로 떠났다. 거기서 그 유명한 잡지의 편집장 쟝 뽈랑을 만났는데, 그는 로제의 원고를 읽기로 약속했다. 얼마 후 로제는 긴 편지를 받았는데, 거기에는 몇 부분, 특히 마지막 부분을 고친다는 조건하에 원고를 받아들이겠다고 씌어 있었다. 로제는 그 작품은 자신의 체험을 담은 것이므로 현재 상태대로 간직하고 싶으며, 특히 결론 부분을 조금이라도 고친다는 것은 그릇된 일이라고 답장을 썼다. 그리고 이 사건으로 문학을 포기했는지 로잔에서 신학을 공부하기 시작했다.

1937년 여름, 신학을 공부한 지 1년이 지나자 다시 회의가 일기 시작했다. 이것이 진정 나의 길인가? 그만두는 게 좋지 않을까? 하지만 계속하지 말라는 근거도 없지 않은가? 여름은 지나고 있고 다음 학기 등록을 하든지 포기하든지 결정을 내려야 했다. 그때 이른바 운명을 결정지을 사건이 일어났다. 결혼한 누이 릴리가 출산을 앞두고 중병에 걸린 것이다. "그때, 아마도 일생에 처음으로, 나는 간절히 기도했다. 아주 보잘것없는 기도를! 시편만 바친 것이다. 그래도 그것은 일보의 진전이었다." 릴리는 살아났다. 로제에게 그것은 기적, 기도의 응답과도 같은 것이었다. 그는 즉시 다음 학기 등록을 했다. 장기적인 결과에 대해서는 누가 알겠는가?

2학년과 3학년은 주로 로잔에서 보냈고 스트라부르그에서 지낼 때도 있었다. 마지막 4학년이 되기 전에 로제는 그리스도인

학생연맹의 회장으로 초대되었다. 거기 관련된 사람들을 만난 적도 없고 그 모임에 나간 적도 없는데! 거절했지만 받아들여지지 않았다. 얼마 지나지 않아서 그는 이 운동에 가담하고 있는 사람들이 하느님을 찾는 기도라는 영역에도, 신앙의 원천에도 항상 확고하게 뿌리박고 있는 것은 아니라는 것을 알아차리게 되었다. 그리하여 그는 그 주제에 대하여 겨우내 정기적인 모임을 가지자고 제안하였다. 이것은 생각했던 것보다 훨씬 많은 성과를 거두었다.

1940년 여름, 로제 나이 스물다섯 살, 짧은 논문만 쓰면 공부를 마치게 되었다. 그의 마음 속에서는 다음 단계를 위한 생각이 서서히 구체화되고 있었는데, 조용하고 추상적인 이론 안에서 미래 계획을 세울 수는 없었다. 가을이 시작되기 전에 전쟁이 시작되었는데, 프랑스에서는 이미 끝난 셈이었다. 1941년 로제는 기록했다. "프랑스의 패배를 보고 우리는 강한 연민을 느꼈다. 우리가 꿈꾸어 오던 집을 마련할 수 있다면, 절망에 잠긴 사람, 살아갈 길이 막막한 사람들을 도울 수 있을 것이다. 그리고 그곳은 침묵과 노동의 장소가 될 것이다. …" 그 꿈은 이미 한 해 전에 싹터 1940년 7월까지 계속 자라났으니, 즉 머물 집을 구해서 다른 사람들과 더불어 가장 소중한 복음적 가치를 살아가려는 것이었다. 전에는 이를 실현한다는 것이 불가능했지만, 시대가 변하면서 가능해졌다. 그리하여 스위스가 아닌 프랑스를 선택했다. 프랑스는 자유로운 공간이 있고 사람들이 새로운 시도에 열려 있는 나라임에 틀림없다. 따라서 프랑스는 전쟁으로 고통받는 땅이기는 하지만, 내적인 자유의 땅임에 틀림없다.

전쟁으로, 삶으로

1940년 8월, 로제는 비시 정부하의 프랑스로 건너갔다. 프랑스가 항복하자 독일군은 나라를 양분하는 선을 따라 진군하던 것을 멈추었고, 페탱과 점령당하지 않은 프랑스 정부가 비시의 온천장에 세워졌던 것이다. 외삼촌 한 분이 마콩과 제네바에서 멀지 않은 부르강브레스에 군목으로 배치되었다. 로제는 명목상 삼촌을 방문하면서 주위에 빈 집도 살펴보았다.

제네바에서 겨우 한 시간 떨어진 곳에서 꿈이 이루어지는 듯했다. 큰길에서 멀지 않은 곳에 커다란 집이 있었는데, 이사하자마자 농사를 지을 수도 있었다. 게다가 성 프란치스코 살레시오가 미사를 드렸던 기도실도 있었다. 집값은 쌌다. 마음이 끌렸다. 그렇지만 제네바가 너무 가까웠기 때문에 프랑스 쪽으로 더 들어가 다른 집을 알아보기로 했다. 부르 가까이 언덕의 후미진 곳에 키 큰 나무들과 멋진 경치로 둘러싸인 집이 있었다. 그는 주위를 둘러보고 나서 모든 것이 번성하고 있는 것을 보았다. 여기 생활은 너무 쉽고 안락하겠다! 다른 지역들은 더 힘들게 살고 있다. 그리스도는 가난한 사람들 가까이 계시다. 이는 아버지께서 항상 하시던 말씀이다. 그리하여 로제는 8월 중순에 끌뤼니로 향하고 있었다. 폐허에는 관심이 없었지만, 끌뤼니에서는 사람들이 삶을 그리스도께 봉헌했기 때문에 쇄신의 바람이 교회를 한 차례 휩쓸었다고 여겼던 것 같다.

옛 도시의 좁은 길을 걷는데 문득 "떼제에 매매할 집 있음" 하고 적힌 종이가 문에 붙어 있는 것이 눈에 띄었다. 문을 두드린 그는 떼제는 북쪽에 있는 작은 마을이고, 문제의 집은 몇 년 동안 비어 있으며, 그 열쇠는 마을에 있는 어떤 할머니에게서 얻을 수 있다는 사실을 알게 되었다. 다음날 아침 로제는 자전거를 타고 그론 천_川이 오른편으로 굽이쳐 흐르는 계곡을 따라갔다. 길을 돌아 철로를 지나니 반쯤 폐허가 된 마을로 이르는 거친 마찻길이 있었다. 막상 마을에 이르자 길은 온통 자갈투성이였다. 그는 할머니를 찾아서 함께 집을 둘러보았다. 그러는 동안 식사시간이 되어 어디 식사할 만한 곳이 있느냐고 물었다. 할머니는 함께 식사하자고 기꺼이 초대했다. 가까이에 상점이나 찻집이 하나도 없었던 것이다. 할머니와 함께 소박한 식사를 하면서 로제는 자신이 품고 있는 계획을 좀 들려주었다. 갑자기 할머니가 말했다. "여기서 우리와 함께 머뭅시다. 우리는 너무나 가난하고 고립되어 있다오. 그리고 시대가 너무 나빠요!" 그런데 둘러본 그 집은 그다지 마음에 들지 않았다.

결단을 내려야 했다. 그런데 저절로 되는 것이 아니었다. 로제는 스위스로 돌아와서 친구들과 아버지께 이야기했다. 8월말, 그는 로잔에서 30명 남짓 되는 친구들과 함께 이 문제에 대해 숙고했다. 그 모임에서 첫 "공동체"가 시작되었는데 이는 수사의 공동체가 아니라 친구들의 모임으로서, 처음 몇 년 동안 "끌뤼니 공동체"라는 이름 아래 두 달에 한 번씩 정기적으로 만나고, 공동의 생활규칙을 지키면서 로제와 관계를 맺었다. 9월초, 끌뤼니로 돌아온 로제는 떼제에 있는 그 집을 사고 싶다고 했다. 중개인은 깜짝 놀랐다. 그 할머니의 말 한마디로 모든 것이 바뀐 것이다. 로제는 리용에서 아주 가난하게 살고 있는 그 집의 주인이 집이 팔리기를 바라는 심정에서 9일기도를 하고 있다는 사실은 몰랐다. 신앙심 깊은 드 브리 부인은 9일기도의 9일째 되는 날 미사를 드리고 나서 숙소로 돌아오자마자 끌뤼니에서 전보를 받았다. 집이 스위스에서 온 젊은이에게 팔렸다는 것이다. 로제는 드 브리 부인이 직접 들려줄 때까지는 이 이야기를 믿을 수가 없었다. 집을 팔고 나서도 부인은 떼제의 형제들을 만나기 위해 떼제에 가끔씩 들르곤 했다. 그녀는 1977년 세상을 떠났는데, 지금은 옛날 자기 집 바로 옆에 있는 떼제의 마을 교회묘지에 묻혀 있다.

로제는 떼제에 도착하자마자 자기가 하려는 일이 위험하다는 사실을 깨달았다. 북쪽으로 몇 마일 떨어지지 않은 곳에 군사분계선이 있었고, 사람들은 비시 정권하에 있을 때보다 훨씬 더 굶주리고 위험한 상태에서 쫓기고 있었다. 밤낮을 가리지 않고 피신자들이 문을 두드렸는데, 지쳐서 빈사상태인 사람도 있었다. "나는 그들이 누구인지 절대로 묻지 않고 받아들였다. 그리고 닥치는 대로 일해야 했다. 땅을 개간하고 경작하기 시작했다. 직접 소젖도 짰다. 그리고 홀로 기도하러 가던 집에 작은 기도실을 꾸몄는데, 피신자들이 고마워하는 마음에서 함께 기도해야겠다고 느낄까봐 몹시 조심했다. 그리스도인이 아닐 경우에는 그것이 일종의 폭력이 될 수도 있었기 때문이다." 사실, 피신자들 중에는 떼제를 거쳐 안전한 스위스로 가려고 하는 유대인이 많았다.

혼자서 시작한 공동생활? 로제는 기다려야 한다는 것을 알았다. 다른 사람들에게 자기와 같은 방법으로 사물을 보라고 강요할 수는 없었다. 자신부터 기도와 환대의 소명을 시작해야 했다.

그는 하루에 세 번 기도하기 위해 조용한 곳으로 물러났다. 피신자들은 계속해서 모여들어 한꺼번에 열두 명이 머물 때도 있었다. 위험은 계속해서 도사리고 있었고 경찰들도 드나들었다. 1942년 11월, 로제는 피신자들을 위한 돈을 모금하기 위해 스위스에 갔다 오는 길에 자신이 그 지역의 누군가에 의해 당국에 고발당했다는 사실을 알게 되었다. 지금도 이 사건을 회상할 때는 괴로워하는 표정이 스친다. 자신은 사전에 경고를 받았는데 11월 11일 게슈타포가 들이닥쳤다. 그리고 그때 잡혀간 사람들이 어떻게 되었는지는 아무도 모른다. 로제와 누이 쥬느비에브는 아주 위험한 상태에 처해 있었지만, 그 일을 도모한 사람들을 단죄하지 않으려고 신중을 기했다. 아직까지도 자신이 순진하다는 것을 인정하는 로제는, 인간이 인간에게 저지르는 잔학성을 보았다고 해서 그것을 구실로 하고자 하는 일을 포기할 수는 없었다. 그는 모든 사람, 특히 곤경에 처한 사람은 신성하다는 것을 확신하면서 자신의 꿈을 계속 실천해 나갔다. 그런 로제가 전쟁 후에 첫 형제들과 함께 떼제로 돌아왔을 때는 프랑스인이 아니라 독일인을 돕게 되었으니, 이를 어떻게 해석해야 할까? 그는 그 당시 겪은 일을 프랑크푸르트의 평화상 시상식에서 처음 공개적으로 이야기했다. "전쟁이 끝나고 떼제 근처의 수용소에 독일 병사들이 갇혀 있었습니다. 나는 예배를 위해서 그들을 주일 아침에 초대해도 된다는 허락을 얻었습니다. 그때 우리는 겨우 마련한 음식을 함께 나눌 수 있었습니다. 그때 우리는 모두 가난했고, 모든 것이 아주 모자랐습니다. 이때 나는 병사들 중에서 아주 조용하지만 빛을 발하는 사람을 발견했는데, 그는 가톨릭

사제였습니다. 그즈음 증오로 인한 보복이 있었습니다. 어느 날 밤, 독일의 수용소에서 남편을 잃은 그 지역 여성들이 수용소에 쳐들어와 독일군 전쟁포로들을 공격했습니다. 그것은 야릇한 절망에서 비롯된 행동이었습니다. 뜻밖에 그들의 분노는 그 젊은 사제를 향해 폭발했습니다. 이미 병을 앓고 있던 그분은 기어이 죽고 말았습니다. 죽어가면서도 평화와 사랑 그리고 용서라는 말만 되풀이했습니다. 나는 몇 달 전부터 포로로 잡혀 있는 이 젊은 사제가, 말 그대로 거룩한 하느님의 모상이었다는 것을 알고 있었습니다."

로제는 생명의 위협을 느끼던 그 시절에는 공포에 떨었다는 사실을 인정한다. 그럼에도 불구하고 삶은 계속되었고, 그는 스위스에서 살 수밖에 없었으므로 제네바에 있는 가족의 아파트에 자리잡게 되었다. 거기서 아직 마치지 못했던 공부를 다시 시작했다. 논문을 썼던 것이다. 1943년 4월 30일, 「베네딕도 성인 이전 수도생활의 이상과 그것이 복음과 일치하는 점」이라는 제목의 학위논문을 제출했다. 이런 주제를 택한 것은 그에 수반된 초기 수도규칙에 대한 연구와 더불어 우연한 일이 아니라는 점은 분명하다. 그렇지만 그 결과로 남은 논문에 대해서 로제 수사는 오늘날 굳이 기억하려 하지 않는다.

거의 같은 시기에 로제의 사상에 동조하는 두 젊은이에게 문이 열렸다. 1941년 로제는 공동체 생활의 여러 측면을 개요한 소책자를 발행한 바 있는데, 막스 튀리앙은 신학을 공부하는 학생일 때 피정 센터에서 이 책자를 읽었고, 다음에 온 피에르 슈브랑은 취리히에서 농학을 공부하고 있었다. 두 사람은 로제의 영적 모

험에 동참하기를 갈망했다. 그들의 전공은 후에 매우 유용하게 사용되었다. 그리고 다니엘 드 몽몰렝도 들어왔는데, 이 네 사람은 제네바의 아파트에서 공동생활을 시작했다. 거기에는 옛 친구, 새 친구, 노동자, 노동조합원 등 다른 사람들도 항상 북적거리고 있었다. 그들이 대화할 때 주로 화제가 된 것은 "인내" 문제였다. 그렇게 많은 사람들이 열정과 비전으로 충만해서 몸바쳐 일하다가, 점점 흥미를 잃고 마침내는 "평탄한 삶"에 안주하는 것을 어떻게 설명할 수 있는가? 1941년, 로제는 다음과 같은 글을 썼다. "우리는 서로에게 소외되어 있고 그로 인해 절망감이 깊어진다. 어떻게 하면 지나치게 개인주의적인 우리 전통을 깨뜨릴 수 있을까? 어떻게 하면 사람들이 공동체에서 함께 일하고 함께 살 때 생기는 풍부한 가능성들을 충분히 활용할 수 있을까?"

일생을 건 투신

1944년 가을 프랑스는 해방되었다. 로제는 즉시 떼제로 돌아왔는데 이제는 혼자가 아니었다. 전후 몇 년 동안 그곳 생활은 가혹했다. 지역 주민들은 그들을 결코 이해하지 못했다. 게다가 공동체의 형제들이 독일 포로들에게 호의를 베풀었다는 사실 때문에 어려움은 한층 심해졌다. 모든 사람이 가난하게 살고 있었고, 다른 곳으로 옮겨가고 싶은 유혹이 강렬했음에 틀림없다. 그래도 내핍생활은 그렇게까지 가혹하지는 않아 젊은 공동체에는 웃음이 흘러넘쳤던 것 같다. 그들은 로제가 만들고 여러 해 전에 끌뤼니 공동체에서 채택한 바 있는 간단한 생활규칙을 지키기로 했다.

하루하루의 일과 휴식이

하느님의 말씀으로 생기를 얻게 하십시오.

그리스도 안에서 머물기 위해

모든 일에 있어서 마음의 침묵을 지키십시오.

기쁨, 소박, 자비의 진복 정신으로

항상 충만하도록 하십시오.

다른 규칙은 없었다. 함께 살아가겠다는 약속을 해마다 갱신하고, 하루에 세 번 꼭대기 층에 있는 기도실에 모여 기도했다. 작은 밭뙈기에는 할 일은 많으면서도 먹을 것은 별로 없었다. 그 지역 사람들은 여전히 가난하게 살고 있었다. 어느 전쟁이든 끝나면 어디서도 반겨주지 않는 어린이들이 떠돌아다니게 마련이다. 떼제 주위 마을에도 부모를 잃거나 가족에게 버림받는 어린이들이 많았다.

시간이 지나면서 형제들은 그런 소년들을 맡게 되었다. 마을에서 집 한 채를 얻어 스무 명의 소년을 받아들였고, 쥬느비에브 슈츠가 와서 그 소년들의 "엄마" 역할을 하게 되었다. 이제 그 소년들은 모두 장성하여 자기 가정을 꾸려가고 있다.

1948년, 프랑스인으로서는 처음으로 로베르가 공동체에 입회했다. 그해에는 공동기도를 할 때 작은 마을 성당을 사용할 수 있게 되었는데, 프랑스 일부 지역에서는 가톨릭 신자가 아닌 사람들이 예배할 때도 가톨릭 성당을 사용할 수 있는 시뮬따네움 simultaneum이라는 제도가 생겼기 때문이다. 떼제 마을에는 아직도 끌뤼니 주변에서 흔히 볼 수 있는 그런 태도가 현저했다. 성당이

떼제 마을 성당

사용되는 일은 거의 없었고 본당 사제도 없었던 것이다. 미사는 일 년에 한 번 있을까말까 했다. 프랑스 혁명과 끌뤼니 대수도원 성당의 파괴로 인해 팽배해 있던 거부감과 무관심만으로 신앙을 대해온 것 같았다. 지역 주민들은 떼제 형제들을 미심쩍어했는데, 그 이유는 그들이 가톨릭 지역에 사는 개신교도들이기 때문만이 아니라, 신앙이 없는 사람들 사이에 사는 신앙인이었기 때문이다. 로제 수사가 떼제에 온 이래 성당에서는 미사가 단 한 번밖에 없었다. 1941년, 그리스도교 일치의 위대한 선구자 쿠트리에 신부가 로제 수사를 방문하러 왔다가 그 낡고 버려진 건물에서 미사를 드린 것이다. 그리하여 형제들이 오떵 교구의 주교에게 성당에서 기도할 수 있게 해달라고 청원서를 제출했는데, 그렇게 해도 된다는 대답은 다른 곳에서 왔다. 미래의 교종 23세이며 당시 파리 주재 교종대사였던 안젤로 쥬세뻬 롱깔리가 서명한 것이었다. 그 청원서의 내용이 너무나 이례적이었기 때문에 오떵 교구의 주교가 상부 기관으로 보냈던 것이다. 그 성당에서 첫번째 예식은 1948년 성령강림절 전야에 행해졌다.

첫번째 프랑스인 형제 로베르는 다른 사람들에게도 길을 열어 그가 의학 공부를 마치고 떼제에서 지역 의사가 될 때까지 두 사람이 더 합류하였다. 1949년 부활절 아침, 마을 성당에서는 모두 일곱 형제가 공동체에서 그리스도께 일생을 바치겠다는 약속을 하였다. 그것을 지켜본 사람은 나중에 알랭 수사가 된 젊은이 한 사람, 그리고 제네바에서 온 손님, 1962년에 브리스톨의 영국 성공회 주교로서 "화해의 교회"가 낙성식을 할 때 떼제를 다시 방문하게 된 올리버 톰킨스라고 하는 영국인밖에 없었다.

그날 사용된 서원의 양식은 사실상 변한 게 없어, 그후에도 그들을 따라 자신의 삶을 바치는 형제들이 서약할 때에도 사용되었다.

그리스도의 사랑을 위하여 그대 전부를 그분께 바치기를 원합니까? — 원합니다.

이제부터 우리 공동체 안에서 형제들과 일치하여 하느님께 대한 봉사를 다하기를 원합니까? — 원합니다.

어떤 소유물도 포기하고 형제들과 더불어 물질적 재산뿐 아니라 영적 재산의 공유 속에서 마음을 탁 터놓도록 노력하며 살기를 원합니까? — 원합니다.

형제들과 더불어 봉사를 하는 데 더 자유스럽고, 또 그리스도의 사랑에 그대를 온전히 바치기 위하여 독신으로 있기를 원합니까? — 원합니다.

우리가 오직 한마음 한뜻이 될 수 있도록, 그리고 우리 봉사의 일치가 완전히 이루어질 수 있도록, 원장은 공동체 안에서 한 가난한 종이라는 사실을 기억하면서도 그를 통해 발표되는 공동체의 결정을 받아들이기를 원합니까? — 원합니다.

형제들 안에서 항상 그리스도를 알아보면서, 좋은 날이나 궂은 날이나 괴로울 때나 기쁠 때나 돌보기를 원합니까? — 원합니다.

그리스도와 복음 때문에, 그대는 이제부터 우리 공동체의 형제입니다.

당신은 프랑스어로 된 "Veux – tu? ... Je le veux"라는 질의응답들을 어떻게 번역하겠는가? "나는 정말 온 마음을 다하여 원합니다?" 형제들의 미래를 송두리째 봉헌하는 그 약속들은, 그리스도를 깊이 갈망하는 마음, 그분의 부르심을 받았다는 사실에 대한 기쁨을 표현한 것으로 여겨져야 한다. 이것은 로제 수사가 1949년 부활절 며칠 전에 형제들에게 나누어 준 몇 페이지의 글에 명백하게 표현되었다. 거기에는 복음 말씀 인용과 함께 그들 성소의 핵심적인 관점이 표현되어 있다. 그 글들은 『떼제의 원천』 마지막 부분에 실려 있는데, 형제들이 "종신서원"을 할 때마다 원장이 읽게 되어 있다.

형제들이 생활규칙에서부터 시작할 필요가 있다고 여기지도 않았고 그런 상상조차도 하지 않았다는 사실에 주목할 만하다. 아니, 먼저 생활하고 쓰는 것은 나중에 하자! 물론 최소한의 지침은 필요하다. 그렇지만 아주 최소한이다. 이렇게 하면 위험부담은 있지만 더 많은 자유를 주는 것은 분명하다. 해가 감에 따라 형제들의 수는 늘어났다. 10, 20, 30 … 지금은 80명 정도 되는 것 같다. 형제들은 자신들을 통계로 대하는 것을 싫어하기 때문에 정확한 수는 알 수가 없다. 시간이 지남에 따라 공동의 비전을 더 자세히 적을 필요가 생겼다. "우리는 무엇을 위해 함께 모여 사는가?" 1952년에서 1953년 사이의 겨울, 로제 수사는 침묵 피정을 하면서 떼제의 규칙을 썼다. 거기에는 의무와 관련된 표현은 없다. "해야 한다"는 말이 없는 것이다. 세세한 시간표라든지 어떤 옷을 입어야 한다든지 하는 것들도 없다. 규칙은, 공동의 창설자로서 양도할 수 없는 자유 속에서 삶을 바친 사람들에게 삶의 원천이 된다. 최근 몇 년간은 "규칙"이라는 말조차 로제 수사에게는 지나치게 압박감을 주는 것처럼 비쳐져, 가장 최근에 프랑스어로 발간된 것에는 다른 글들도 포함시켜 『떼제의 원천』*Les sources de Taizé*이라는 제목을 붙였다. 한국어 판으로는 『떼제, 일치의 비유를 실천하는 공동체』라고 번역되어 나왔다. 이 말은 번역하기 어려운 표현이기는 하지만, 율법적인 문서라기보다는 지속적으로 재발견해야 할 원천, 공동생활의 영적인 비전과 관계가 더 있다는 의미를 담고 있다.

그 글은 읽을 가치가 있다. 그렇지만 예배 순서를 읽는다고 해서 예배를 상상할 수 있는 것이 아니듯이, 규칙을 읽었다고 해서 떼제에 대해서 다 알았다고 볼 수는 없다는 것을 염두에 두어야 한다. 규칙이 목적으로 하는 공동체는 스무 개의 나라와 여러 종교 전통에서 온 살아 있는 사람들로 이루어졌다. 각 사람은 오랜 여정 끝에 어느 날 떼제에 왔으며, 각기 고유한 은사와 재능이 있다. 그래서 규칙은 각 사람의 최선을 나누고, 떼제가 오늘날 교회와 세상에서 이룩하도록 부름받은 "공동체의 비유"를, 다른 모든 형제들과 함께 창출하도록 자극하기 위해서 씌어졌다. 그리스도와 형제들을 위하여 속박 없이 자유롭게.

공동체의 비유

처음 일곱 형제들이 일생을 바쳤다는 소식이 공개되었을 때, 떼제에 관해 항상 제기되는 질문들이 여러 측면에서 제기되었다. 도대체 이 사람들은 누구인가? 가톨릭 교도인가, 개신교도인가? 새로운 종파 혹은 새로운 수도회를 시작하려고 하는 걸까? 이렇게 함께 살아간다는 것이 도대체 가능이나 한가? 이러한 질문들에 대답한다는 것은 쉬운 일이 아니다. 왜냐하면 형제들이 스스로를 다른 사람들이 엄격하게 정한 범주로 정의하려 하지 않기 때문이고, 특히 사람들이 집단이나 개인을 다른 그룹들과 대립시켜서 이해하려고 할 때는 더욱 그러하기 때문이다. "당신은 이것이 아니라면 저것임에 틀림없다. …" 우리가 던지는 질문 자체가 대답을 상당히 좌우할 때가 많은데, 우리 자신과 우리의 사고 범주에 대해 가장 솔직히 응답하는 경우 더욱 그럴 것이다.

떼제 형제가 서원할 때 읽는 글 중에 공동체의 소명을 이해하는 데 도움되는 구절이 있다. "주 그리스도께서는 그대에 대한 연민과 사랑으로 그대를 선택하여 교회 안에서 형제애의 표가 되게 하셨습니다. 그분은 그대가 형제들과 더불어 공동체의 비유를 실현하기를 원하십니다." "비유"는 신약성서, 예수께서 복음을 전할 때 해주시던 이야기를 생각나게 한다. 비유의 세부사항 자체는 별로 중요하지 않다. 복음을 이해할 때 비유 자체가 주의를 끌어서는 안되고 전체의 일부로서 이해할 때만 의미가 있다. 그것들은 살아 계신 하느님을 보여주기 위해 그 너머에 있는 것을 가리켜야 한다.

떼제는 다른 사람들에게 모범이나 모델이 되려고 하지는 않는다. 공동체는 화해라는 복음의 부름을 실현시키는 "비유", 사람들이 자신의 삶을 성찰하도록 도와 주는 작은 표지가 되기를 원한다. 떼제의 교회 입구에는 여러 나라 말로 이렇게 씌어져 있다. "여기 서 있는 그대, 화해하십시오. 그리고 복음에서 기쁨, 소박, 자비의 진복 정신을 발견하십시오. 만일 만사의 시작에 신뢰하는 마음이 자리한다면 … 그리고 매일매일이 '하느님의 오늘'이 된다면!"

로제 수사가 형제들과 살아가려고 애써온 공동체의 비유는, 수많은 교파로 갈라져 있는 교회의 벽에 부딪혔다. 따라서 그들이 교회들간의 화해를 위해 일하는 것은 지극히 당연한 일이었다. 그렇다고 해서 그리스도인들 사이의 일치가 궁극 목표는 아니고, 교회가 전인류 가족 안에서 일치와 평화의 누룩이 되는 것이 그 목표다. 그렇지만 그는 그리스도인들 사이의 화해가 눈에 보이는 모습으로 이루어지지 않는다면 지속적 쇄신을 이룰 수도 없고 그 사명을 온전히 실행할 수 없다는 것을 언제나 확신했다.

이런 의미에서, 떼제 공동체는 삶을 통해 이런 질문을 던진다. 그리스도인들끼리 서로 갈라져 있으면서 어떻게 사랑의 하느님을 증거할 수 있겠는가? 떼제를 존재케 한 기본적인 직관은 이렇게 표현될 수 있을 것이다. "신학적인 문제 등 수백 년 동안 그리스도인들을 갈라놓았던 여러 문제들을 지금 여기서 우리가 다 풀수는 없다. 그렇지만 요한 복음에서 그리스도께서 하신 마지막 말씀을 들을 때 어떻게 가만히 앉아 있을 수 있겠는가? '그들이 모두 하나가 되게 하소서. 그리하여 아버지께서 저를 파견하신 것을 세상이 믿게 하소서.' 또한 분열된 우리 모습 때문에 영원의 사랑을 목말라하는 수많은 사람들이 하느님의 얼굴을 제대로 볼 수 없다는 것을 알면서 어떻게 가만히 앉아 있을 수 있겠는가? 우리가 나눌 수 있는 것을 모두, 무엇보다도 삶을 함께 나눔으로써 구체적인 행동부터 시작하자. 이렇게 구체적으로 삶을 나누다 보면 다음 단계로 인도될 것이다."

사실 해를 거듭할수록 의도적인 방법이나 미리 세운 계획을 따라서가 아니라, 함께 성령에 귀기울이고자 하는 바람에 대한 반응으로, 새로운 발걸음이 하나하나 시작되었다.

초기 몇 년간은 공동체의 비유가 제한되었으나, 이미 그것이 나타나고 있었으니, 수도생활이 알려지지 않은 개신교 출신의 청년들이 수도성소에 삶을 바친 것이다. 그리하여 그들은 개신교라는 자기 배경과 결별하지 않으면서도, 그 틀을 넘어서 자신들을 폭넓은 수도가족의 일원으로 보았다. 이때에도 로제 수사는 단지 개신교에서 수도생활을 "복원하는" 과정으로 머물기를 원하지 않았다. 그가 보기에 개신교 안에 단순히 수도생활을 복원하는 것은 서로 다른 그리스도 교회들 사이의 분열을 굳혀버리는 결과를 가져오는 데 불과했다. 그는 1946년 영국을 방문함으로써 이 결심을 굳힌 것 같다. 거기서 그는 지난 100여 년 동안 영국 국교회 안에 수도원 전통이 생겨난 것을 보았는데, 그 공동체들은 엄격하게 "영국 성공회"이고, 의도적이든 아니든 종파의 "분열"을 강화할 따름이었다. 로제는 갈라진 교회라는 반죽 안에 일치의 누룩을 집어넣는 화해의 비유를 몇 사람의 삶 안에서 살아내고자 한다는 아주 다른 그 무엇을 찾고 있었다. 가톨릭 교회나 정교회에 수도원 전통이 있듯이 개신교에도 수도원 전통을 세워야겠다는 생각은 처음부터 없었다.

아주 초기부터 공동체에는 장로교나 루터교의 형제들이 있었고, 1960년대에는 영국 성공회 출신 형제들도 들어왔다. 떼제의 형제가 된다고 해서 자기가 속해 있던 교회와 결별하는 것은 아니다. 그것은 부모가 성소를 이해하든 못하든, 온 마음을 다해 부모님을 사랑해야 한다고 각 형제들에게 격려하는 것과 마찬가지다. 공동체는 새로운 교회가 아니다. 그런데 1969년, 결정적인 발걸음으로 "공동체의 비유"가 좀더 보편적이 되었다. 젊은 벨기에 의사가 공동체에 들어옴으로써 처음으로 가톨릭 신자가 생긴 것이다. 프랑스 주교회의의 의장은 이 발걸음에 전적으로 동의하였다.

가톨릭 형제들이 들어옴으로써 공동체는 "공동체의 비유"를 더욱 깊이 이해하게 되었다. 1969년 연례회의 동안 공동체는 일련의 글을 마련했는데 그 일부를 소개하자면 다음과 같다. "우리들 사이에 가톨릭 형제를 받아들인다는 이 단순한 사실은, 우리가 하느님 종들의 종인 교종과 관계를 맺음으로써 더욱더 일치를 기대하며 살아가도록 고무한다." 로제 수사는 이미 몇 해 전부터 교종의 직무에 대해 간혹 언급한 바 있는데 이후로는 자신의 견해를 더욱 자주 표명하게 된다. 1971년 뉴욕에서 미국 성공회 주교들에게 행한 연설에서 그는 다음과 같이 말했다. "우리는 그리스도의 위대한 증인 요한 23세와 동시대인들입니다. 그런데 로마 주교의 문제를 건드리지 않고 교회의 일치를 꿈꾼다는 것이 가능한 일입니까? 그럼에도 불구하고 아직도 일부 가톨릭 신자들조차 교종님의 일치의 직무를 둘러싸고 침묵의 음모가 있습니다.

모든 지역 공동체에는 언제나 분열되고 흩어지는 성향이 있는 양떼를 모아들이는 목자가 필요합니다. 이처럼 세계 모든 교회를 모으는 지도자 없이 교회가 하나로 모이기를 기대할 수는 없을 것입니다. 교종의 소명이 교회생활의 중심에 있다는 사실은 분명하지만, 그렇다고 해서 교종이 피라미드의 꼭대기에 있다거나 일종의 머리 역할을 한다는 의미가 아닙니다. 교회의 머리는 그리스도이십니다.

로마 주교는 보편적인 목자로서 우리를 일치의 교회로 잡아당기고 있습니까? 그렇다면, 교종과 로마 교회는 전세계적인 일치를 촉진하는 데 아주 중요한 역할을 할 것입니다."

로제 수사는 이 문제들에 대해 많이 생각하고 "일치의 기대"를 실현시킬 방법을 추구했는데, 1980년 로마에서 열린 젊은이들의 유럽 모임에서 행한 공개연설에서는 더욱 명백하게 표현하였다. 거기에는 교종 요한 바오로 2세도 참석하고 있었다. "… 나는 누구도 배반하지 않으면서, 내가 자라난 개신교 신앙의 흐름과 가톨릭 교회의 믿음을 내 안에서 화해시킴으로써, 그리스도인으로서 나의 고유한 신원을 발견하였습니다." 그리고 최근에는 그리스도인 각자가 할 일에 대해서 자주 언급하는데, 교회일치 기구들이 가시적이고 제도적인 화해를 추구하는 동안, 개인은 자신이 동의하는 어느 부분만이 아니라 "전체 신앙의 신비에 날마다 내적으로 의탁함으로써 지금 여기 자신 안에서" 화해를 이루어야 한다는 것이다. 이런 것을 보면 "이것 아니면 저것" 하는 사고방식은 떼제 공동체의 비전과는 상반된다는 것을 알 수 있다.

최근에는 떼제가 가꾸어 내려고 노력해 온 공동체의 비유가 예상 외로 퍼져나갔다. 첫 형제들은 모두 유럽의 두세 나라에서 왔었는데, 이제는 동서 유럽을 비롯한 그외 대륙의 20개국에서 온 사람들이 공동체를 이루고 있다. 아시아, 아프리카 그리고 남미와 북미에서 여러 형제들이 들어옴으로써 공동체는 전혀 다른 모습을 갖추게 되었다. 그렇게 다양한 배경에서 온 사람들이 함께 살고 기도하는 것은 전체 인류 가족 안에서 작지만 진정한 화해의 표지가 되는데, 이는 처음부터 떼제의 열렬한 관심사였다.

진 행 중

우리는 공동체가 실현되는 과정을 보았는데, 그 과정에서 오해를 피할 수 없었던 것 같다. 형제들은 자기들이 하는 일이 아주 새로운 일이므로 쉽게 이해받지 못하리라는 것을 알고 있었다. 그렇지만 그들에게는 살아야 할 삶이 있었고, 응답해야 할 중요한 부르심이 있었다. 떼제는 가난한 지역에 자리잡고 있다. 매력적으로 보일지는 모르지만, 토양은 척박하고 대부분은 영세 농장으로, 그 소출로 살아가기에 너무 힘들다. 그리고 형제들은 프랑스 농촌에만 국한시킬 수가 없었는데, 그 이유는 현대인들은 산업과 기술에 매우 익숙해 있는 도시인이기 때문이다. 이러한 현실을 나누기 위해서 떼제는 어떻게 했는가? 1951년, 형제들이 열두 명이 되자마자 그 중 두 명이 떼제에서 30마일 떨어진 광산 지역 몽소레에 가서 살면서 일하였다. 그것은 첫번째 "작은 우애 공동체"였다. 얼마 뒤 규칙에서는 형제들은 어디를 가든 "그리스도 현존의 표지이며 기쁨의 전달자"로 불림받았다고 언급하게 된다.

지구를 가로질러서

그때부터 떼제 형제들은 외국에서 우애 공동체를 이루어 머물게 되었는데, 처음에는 유럽 여러 지역으로, 나중에는 다른 대륙으로도 번졌다. 그 우애 공동체는 몇 개월 혹은 몇 년씩 지속되었다. 떼제 밖에 나가 사는 사람들이 많을 때도 있고, 떼제 언덕에 할 일이 많을 때는 거기에 더 많은 형제들이 모일 때도 있었다. 숨막히는 긴장감 속에서 살기도 하는데, 특히 알제리 독립전쟁 당시에 아랍인들 사이에 살도록 허락받은 유럽인은 떼제의 형제들밖에 없었다. 또 인종간의 갈등이 심각한 시카고의 빈민가에서 5년간 살기도 하고, 레시페(브라질)에서 헬더 까마라 대주교와 몇 년 동안 가까이 살기도 했다. 키갈리(르완다)·산티아고(칠레)·쉐필드(영국)·아비잔(아이보리 코스트)·우트레히트(네덜란드)·쾰른(독일)·샌안토니오(텍사스)·도쿄(일본)·홍콩 등 …. 이 지역은 지난 몇 년 사이에 떼제 형제들의 우애 공동체가 머물던 곳이다. 캘커타에서는 사랑의 선교회 형제들과 6개월씩 두 차례 일한 바 있으며, 마드라스 모임 이래 인도와 관계도 훨씬 깊어졌다.

오늘날에는 모든 대륙에, 특히 가난이나 분열이 그 특징을 이루는 지역에 공동체가 있다. 형제들이 남반구에 갈 때는 유럽에서 "미리 준비된" 해결책을 가진 "전문가"로서 도우러 가는 것이 아니라 무엇보다도 사람들의 삶을 나누기 위해서 간다. 이는 무엇보다도 그들에게 귀기울이는 것을 의미하는데, 특히 불신과 의혹이 지배하는 상황에서 신뢰가 샘솟게 하는 역할을 한다.

떼제에서와 마찬가지로 우애 공동체에서는 공동기도가 삶의 중심을 이룬다. 대나무 오두막집이나 양철과 마분지로 된 판잣집, 혹은 대도시 중심가 아파트 5층에서, 형제들은 기도하기 위해 하루에 세 번씩 모인다. 형제들과 방문객들의 노랫소리는 라디오 소리, 차 소리 등과 경쟁하듯 서로 섞인다. 기도 소리를 듣고 찾아온 이웃 사람들이 함께 기도할 때도 있다. 형제들의 작은 기도실에는 성체가 모셔 있는데, 그 앞에서 드리는 침묵기도는 그러한 환경에서 살아가는 데 중요한 힘의 원천이 된다. 아프리카에서 가장 열악한 빈민가 케냐의 마타르 계곡 판잣집에서 형제들이 7년 동안 살았는데, 그 판잣집에는 어린이들이 자주 찾아왔다. 그 어린이들은 형제들과 함께 기도하기를 좋아했고 또 수사들이 특별한 사업을 벌이지 않고 그냥 함께 지내는 이유를 직관적으로 이해했다. 방문객들은 침묵기도와 함께 간단한 식사에 초대될 때가 많은데, 이렇게 음식을 나눔으로써 공동기도를 통한 영적 나눔이 확산된다.

우애 공동체는 환대의 장소이기도 했다. 브라질의 북동쪽 알라고이나스와 같은 곳에서는 떼제에서와 마찬가지로 방문자들이 며칠 동안 피정과 침묵 그리고 나눔을 위하여 찾아올 수 있다. 그렇지만 장소가 마련되어 있지 않아 그렇게 하지 못할 때가 더 많은데, 그럴 때는 사람들이 단순한 방문이나 기도 혹은 식사를 위해 찾아온다.

대대로 적대적인 두 나라의 우애 공동체간 유대는 놀라운 화해의 신호가 될 때도 있다. 일본과 한국은 과거 역사 탓으로 별로 우호적이지 않다. 그런데도 마드라스에서 열린 대륙간 집회에서는 한국과 일본인이 떼제의 초청으로 함께 모였다. 스리랑카에 사는 타밀과 싱갈레즈도 서로 교전중에 있던 중에도 함께 모였다. 형제들은 일본과 방글라데시에 여러 해 살면서 그 나라 젊은이들 사이에 유대관계를 맺어주었는데, 일본처럼 부유한 나라의 젊은이들에게 전혀 다른 현실을 발견하고 또 나눌 수 있는 기회를 마련해 주었던 것이다.

다른 대륙에 사는 형제들은 지역교회에서 적극적으로 활동하고 가능하다면 지역 사목에도 참여하려고 한다. 떼제의 형제들은 케냐의 나이로비에서 열린 세계 성체대회 때 행사의 일환으로 빈민가에서 거행된 십자가의 순례를 준비했는데, 이는 마타르 계곡의 주민들과 전체교회 공동체가 함께 모이는 기회가 되었다. 형제들이 연중 어느 시기에 순례길을 떠나는 경우도 있는데, 뉴욕의 경우가 이에 해당한다. 1978년 이래 형제들은 "헬스 키친"(지옥의 부엌)이라는 구역에서 살고 있는데, 여기는 중앙아메리카와 카리브해 연안에서 온 라틴아메리카인들이 많고 인구 이동이 잦은 곳이다. 이곳에 사는 형제들은 "범세계적 신뢰의 순례"의 일환으로 텍사스에서 알래스카, 캘리포니아에서 가스페 반도에 이르는 미국과 캐나다의 60개 이상의 도시를 순례하였다. 그들은 기도하고 성찰하고 또 지역 상황에서 희망과 사랑의 장소를 발견하도록 저녁과 주말에 여러 교회에서 초대받았던 것이다.

다가오는 봄의 신호들

형제들은 우애 공동체들과 같은 정신으로 세계 여러 지역을 단기간 방문하기도 하는데, 세계 구석구석 가보지 않은 곳이 거의 없을 정도다. 로제 수사는 교회 지도자들을 방문하여 화해의 구체적인 표지를 함께 추구하는 한편, 연중 어느 시기를 남반구의 가난하고 소외당한 사람들 사이에서 보내고 있다. 이 "순례 사도직"은 떼제의 소명에서 필수적인 부분이다.

그 중에서도 가장 많이 방문한 도시는 로마다. 수사들은 요한 23세가 즉위하기 훨씬 전부터 로마를 방문했는데, 그때는 분위기가 아주 달랐다. 1948년 6월, 성청은 가톨릭 신자들이 다른 교파의 그리스도인들과 접촉하거나 우정을 맺는 것을 다소 금하는 문서를 공포하였다. 형제들은 이런 상황을 개선해야겠다는 부름을 느꼈다. 리용의 제를리에 추기경 — 그는 나중에 형제들에게 요한 23세를 만날 수 있는 길을 터주었다 — 은 형제들이 비오 12세를 알현할 수 있도록 허락을 얻어주었다. 이리하여 1949년 처음으로 로마에 머물게 된 형제들은 교종 외에도 많은 인물들을 만났는데, 매우 조심스런 태도를 보이는 사람도 있었고, 좋은 날이 올 거라고 확신하는 사람도 있었다. 그들은 그 첫 방문 기간에 나중에 바오로 6세가 된 몬티니 몬시뇰과 우정을 맺기도 하였다. 그들의 노력으로 다음해 성청에서 가톨릭 신자들이 교회일치 활동에 참여할 수 있는지의 여부를 결정할 권한과 책임은 지역 주교에게 있다는 내용이 담겨 있는 문서를 발행하는 데 도움이 된 것 같다.

오늘날 우리들로서는 그 시대 그리스도인들이 서로에 대해 어떻게 느꼈는지 상상하기 힘들다. "일치운동의 얼어붙은 겨울"은 몇 년 동안 계속되어야 했고, "교회의 봄철"을 나타내는 표지가 나타나기 전에 지독한 돌풍도 있었다. 형제들은 1950년에 두번째 로마 방문을 하였는데, 이에 대해서는 별로 알려지지 않았지만 그 나름대로 중요성을 지니고 있었다. 1950년은 성년으로서, 사람들은 교종 비오 12세가 무류권을 발동하여 성모 승천의 교리를 장엄하게 선포할 것이라고 생각했다. 그 시대 마리아 공경의 언어와 신심은 지중해 유럽 — 이것도 나중에 크게 변하기는 했지만 —의 영향이 크며, 북유럽이나 그외 지역의 개신교회에서는 거기에 동조하지 않은 것이 분명했다. 그렇지만 떼제에서는 그것을 크게 문제삼지 않았다. 로제 수사가 로마로 갈 때에도 교리에 표현되어 있는 신조에 반대할 의도는 없었고, 1870년 교종의 무류성이 선포된 이래 한 번도 실행에 옮겨진 적이 없었는데 이제 그것이 발동하려고 하기 때문이었다. 교종이 교리를 선포하는 데 1870년의 교리를 이용한다면, 가톨릭 교회와 비가톨릭 교회가 일치한다는 꿈이 이루어질 수 있을까? 형제들은 이해받기를 갈망하며 로마에 갔다. 교회일치의 길을 막지 않는 방식으로 성모 마리아가 공경받는다면 얼마나 좋을까? 일치의 문들이 열려 있을 수만 있다면! 로제 수사의 생각을 이해하고 받아들이는 사람들도 있었다. 그렇지만 비오 12세는 그 말들을 이해하지 못했는데, 이는 그리 놀랄 일이 아니다. 그즈음 가톨릭 교회는 준비가 되지 않았던 것이다. 그리하여 예상했던 양식으로 성모 승천 교리가 선포되었고, 그리스도교 일치의 희망을 일깨우고자 노력하는 떼제에는 타격이 컸다. "1950년, 우리는 많은 친구들의 신념이 사라지고 있다는 것을 깨달았다. 그들은 그리스도인들 사이에 일치를 회복하고자 하는 우리 희망에 대한 관심을 잃어가고 있었다." 형제들은 자신들이 얼마나 노력을 기울였는지 말하지는 않았다. 그런 식으로 동정을 얻는 것은 자신들의 소명에 모순된다고 여겼기 때문이다. 일치에 이르는 길은 다른 경향이나 그룹에 반대하며 모이는 것이 절대 아니다. 교회에서는 다른 사람들을 반대하는 운동을 펼친다 해서 화해가 이루어지는 것은 아니다. 1952년, 1954년, 1955년에 로마에서 열린 교회일치 회의에 형제들이 초대되기는 했지만 성과는 보잘것없었다. 겨울은 계속되고 있었다.

그런데 1958년 교종 요한 23세가 선출되었다. 로제 수사는 "아무리 제도가 엄격하더라도, 그 안에 그리스도의 현존을 진정으로 드러내는 사람이 단 하나라도 나타난다면, 아무것도, 그 어느 장벽도, 사랑이 터져나오는 것을 막을 수 없다"고 말했다. 요한 23세 때부터 교종과 떼제 창설자의 만남이 연례행사가 되었다. 공의회가 시작되기 전부터 변화가 시작된 것이다. "새로운 공기"가 감돌기 시작하고 그리스도인이 다른 그리스도인을 가혹하게 대하던 태도가 변화되기 시작했다. 1959년 1월 25일, 교종이 공의회를 공포했을 때 떼제 공동체는 이미 도전에 응할 준비가 되어 있었다.

1962년 여름, 로제 수사는 신설된 그리스도교 일치 사무국의 베아 추기경으로부터 편지를 받았다. "당신은 과거 여러 해 동안 교회일치를 위해 적극적으로 활동해 왔으며, 그리스도교 일치 사무국과 진심어린 관계를 유지하면서 그 활동에 많은 관심을 보여 주었습니다. 그리하여 본인은 귀하와 막스 튀리앙 수사를 제2차 바티칸 공의회에 '사무국의 손님'의 자격을 가진 옵저버로 초대하는 바입니다. 두 분이 왕림해 주신다면, 성령의 도우심으로 그리스도를 주님으로 고백하는 사람들뿐 아니라, 일치의 대의명분을 위해서 수고하는 모든 사람들 사이에 유대를 강화시켜 주리라 확신합니다." 그리하여 1962년 10월 10일 바티칸 공의회가 열렸을 때, 텔레비전을 통해 개회식을 본 사람들 중에는 하얀 수도복을 입고 옵저버들 사이에 서 있는 두 명의 젊은이를 보고 깊은 인상을 받은 사람이 많다. 그렇지만 두 형제가 공의회 회기 동안 매일 매순간 개회기도부터 끝기도까지 거기 있었다는 사실은 간과되었다. 공의회 교부들 중에도 그들만큼 충실히 모든 모임에 참석한 이는 드물 것이다.

우애 공동체에 있는 형제들의 의무는 "그리스도 현존의 표지와 기쁨의 전달자가 되는 것"인데, 공의회 동안 로마 시내 "포룸" 근처에 있는 아파트에 머물던 우애 공동체도 바로 그 역할을 하려고 노력했다. 역사가들은 공의회에 영향력을 미친 인사들을 알아보고자 할 때 위대한 연설자·의장·추기경 등을 생각하는 게 보통인데, 떼제 우애 공동체의 식탁도 빼놓을 수 없을 것이다. "오전 회의가 끝나면, 우리가 가장 잘 아는 사람에게 다가가서 우리의 당면한 관심사를 이야기했다. … 그리고 초대한 주교님과 함께 점심식사를 하기 위해 돌아왔다. 식탁에서의 대화, 함께 식사를 한다는 사실만으로, 장차 눈에 보이는 일치가 이루어질 그 날 받아모시게 될 공동의 성찬을 미리 맛보는 것 같았다. … 음식은 소박했지만 식탁은 웃음으로 가득했다. 우리는 작은 기도실로 가서 함께 침묵기도를 하고 주님의 기도를 바치면서 만남을 마무리지을 때가 많았다. 모든 사람이 떠나고 나서 잠깐 휴식을 취하고 나면, 온갖 계층의 사람들이 찾아와서 대화를 나누었다. 그 사람들을 맞이하는 데 우리 다섯 명이 모두 나서야 했다. 저녁에 공동기도를 바치고 나면 또 손님들이 온다. 저녁식사에 초대받은 사람들이다. 우리는 이렇게 손님을 맞이하면서도 공의회의 쟁점을 연구하고, 문헌들이 어떻게 전개되는지 좇아가며, 기록하고, 또 요청이 들어올 때는 우리 관점을 피력해야 했다." 공의회 제4 회기 때만도 옵저버, 평신도 청중, 주교들과 추기경 등 5백이 넘는 손님들이 초대되어 형제들과 함께 식사를 나누었다고 한다!

형제들은 이 식탁을 통하여 라틴아메리카 대륙과 친밀한 우정을 맺기 시작하면서 그곳을 이해하기 시작했다. 1958년 이후 로제 수사의 말이나 글에 라틴아메리카에서 일어나고 있는 일들에 대해 유럽인들이 무지하고 무관심하다는 우려의 내용이 나타나기 시작했다. 이것은 의외로 보일 수도 있다. 프랑스와 유럽에서 처음으로 그리스도교 일치에 대해 말하고 있는데, 다른 대륙의 문제에 대해 말하는 이유는 무엇인가? 그것은 그 대륙에서 인류의 미래와 교회의 미래를 볼 수 있기 때문이다. 그 대륙에 살고 있는 그 많은 그리스도인들과 그렇게 높은 출생률을 감안할 때, 앞으로 교회는 어떤 역할을 할 것인가? 그리고 우리는 그들과 함께하는가? 이것은 "원조"나 "문제점"들에 관한 질문이 아니라, "미래를 위한 희망"과 "친교"에 관한 질문이다.

떼제와 라틴아메리카 대륙의 주교들 사이에 깊은 우정이 자라났다. 그 중에는 레시페의 돔 헬더 까마라 주교처럼 잘 알려진 분들도 있었다. 로제 수사의 일기에는 공의회 동안 까마라 대주교가 떼제의 아파트에 자주 방문해서 준비하고 있던 연설을 낭독하곤 했다는 이야기가 나온다. 칠레의 실바 엔리께스 추기경, 브라질의 돔 안토니오 후라고소 … 그 중 칠레 탈카의 마누엘 라랭 주교가 있는데, 그는 헬더 까마라와 함께 라틴아메리카 주교회의의 공동 창설자이며 초대 의장이었다. 로제 수사의 가까운 친구이기도 했다. 어느 날 그는 로마 성청의 한 고위 성직자의 초대를 받았는데, 자기가 말하고자 하는 바를 제대로 전할 수 있을지 걱정되었다. 그리하여 문제의 고위 성직자가 떼제를 존중한다는 사실을 알고 로제 수사에게 대신 만나 달라고 부탁해 놓고 자신은 그동안 근처의 성당에서 기도하고 있었다! 나중에 그는 어머니의 임종을 지키기 위해 작별인사할 사이도 없이 로마를 떠나야 했는데 갑자기 공항에서 주교 반지를 빼서 우정의 표시로 로제 수사에게 보내주었다. 그는 1966년 교통사고로 세상을 떠났다. 로제 수사는 그 반지를 떼제에 보관하고 있다가 1974년 브라질을 방문할 때 라랭 주교의 후임자에게 건네주었다.

라랭 주교와 맺은 우정의 영향으로 떼제는 "희망 기금"을 추진하게 되었다. 다른 교구에서와 마찬가지로 탈카 교구는 대개 여러 가지 유산 기증 방식으로 교회 자산이 된 땅을 가지고 있었는데, 라랭 주교는 협동조합을 만들어 거기서 일하는 소농들에게 소유권을 넘겨주기로 했다. 다른 주교는 어부들 사이에 협동조합들을 만들고 있었다. 떼제는 종파를 초월한 모금을 통해 이 일을 돕기로 하였다. "희망 기금"의 목표는 "희망을 모두 잃은 사람들에게 삶의 희망을 회복시켜 준다는 견지에서, 라틴아메리카인들에 의해 주도된 계획이나 사업에 재정적인 지원을 하는 것"이었다. 떼제는 희망의 기금을 통해 남아메리카 스페인어로 공동번역 신약성서 백만 부를 찍어 라틴아메리카의 여러 교회에 무상으로 배부했고, 포르투갈어로 50만 부를 찍어 브라질에 보냈다.

로제 수사는 두 차례의 라틴아메리카 주교회의에 모두 참석함으로써 라틴아메리카와 우정을 지속하였다. 1968년, 바오로 6세의 개인 손님으로 교종과 함께 메데인(콜롬비아)을 찾았고, 1979년에는 푸에블라(멕시코)의 회의에 참석한 것이다. 푸에블라 회의에서 주교들은, "가난한 이들과 젊은이들을 위한 우선적 선택"을 결의했는데 이는 로제 수사의 마음을 더없이 기쁘게 했다.

순례자들과 친구들

공동체는 멀리 떨어진 나라에서만 협동조합을 만드는 데 관계한 것이 아니었다. 1954년, 우유 생산의 미래가 어떻게 될지 불안해하는 농부들이 떼제의 수사들을 찾아왔다. 그때까지 날마다 우유를 수거하던 공장이 가격을 내리기 위해서 구매를 중단하겠다고 위협하고 있었던 것이다. 농업을 공부한 알랭 수사가 농부들과 함께 대안을 모색했다. 그들은 장기적인 안목에서 볼 때 그 지역에 우유 협동조합을 만드는 것만이 가능한 해결책이라는 데 뜻을 모으고, 기득권을 가진 사람들의 엄청난 반대에도 불구하고 실행에 옮겨 1천2백 명 정도의 생산자들로부터 우유를 모으기 시작했다. 몇 년이 지난 1961년, 교종 요한 23세는 「어머니와 교사」라는 회칙을 발표했는데, 거기에서는 농부들이 자기들 활동을 사회화할 수 있는 방법을 찾으라고 촉구하며, 사회화에 대해 이야기하고 있다. 그 결과 형제들은 지역의 다섯 가정과 함께 종합 농업 협동조합을 만드는 모험을 감행하였다. 일 년 동안 숙고한 끝에, 1962년 9월 코펙스COPEX가 생겨났다. 거기서는 누구의 소유지인지 상관하지 않고 모든 일을 공동으로 한다. 1964년, 떼제 공동체는 연대의 상징으로 소유하고 있던 농지를 집이 서 있는 땅만 남겨둔 채 모두 코펙스에 주기로 결정했다.

1960년대가 되면서 떼제 형제들은 화해의 길을 모색하면서 여행을 계속했다. 이 무렵 떼제를 찾는 방문자들의 수도 늘기 시작했다. 공동체는 성청의 동의로 개신교 목사들과 가톨릭 주교들이 함께하는 모임을 조직하였다. 그리고 이즈음에 여덟 명의 형제들이 로제 수사와 함께 영국으로 가 주로 쉐필드에 머무는 동안 영국 성공회 주교 레슬리 헌터를 만났고, 그 다음 캔터베리로 갔다. 1962년에 로제 수사는 이스탄불에서 아테나고라스 총대주교와 함께 일주일을 보냈다. "우리는 매일 점심식사를 함께했고, 자유롭게 이야기를 나누었으며, 일상생활을 함께했다. … 어느 날 나는 총대주교와 함께 일하는 다른 주교들도 있는 자리에서 요한 23세가 자기가 원하는 것을 언제나 할 수 있는 것은 아니라고 말하자, 총대주교는 '그럴 때의 교종님을 나는 가장 사랑합니다!' 하고 대답하였다."

해가 갈수록 떼제에 찾아와서 공동체와 함께 기도하는 방문자들이 늘어나고 있었다. 주일에는 사람들이 너무 많아 마을의 작은 성당에 모두 들어갈 수 없었지만, 넓은 교회를 지을 만한 재정적인 능력이 없었다. 그러던 어느 날 "쥐네짜이헨"(화해의 표지)이라는 독일의 한 단체가 떼제에 대표를 보내왔다. 이 단체는 독일 그리스도인들에 의해서 세워진 것으로, 전쟁중에 피해를 입은 지역에 치유의 표지들을 세우는 것을 목표로 하고 있었다. 그들은 한편으로 기금을 조성하고 다른 한편으로는 젊은이들로 이루어진 노동력을 조직하였는데, 떼제에 오기 전에 이미 세계 여러 지역에 병원, 교회, 유대교 회당, 센터 등을 완성한 터였다. 쥐네짜이헨은 화해의 장소 떼제에 교회 건물을 짓는 일을 맡기로 했다. 그리하여 1961년초 50명의 젊은 자원봉사자들이 도착하여, 18개월 후에는 마을 밖의 들판에 교회가 완성되었다. 건축가 드니 수사의 설계에 따라 지어진 이 "화해의 교회"는 1962년 8월 6일, 예수의 거룩한 변모 축일에 여러 교파의 그리스도인들이 참여한 가운데 낙성식을 하였다.

그로부터 부르군디의 언덕에 찾아온 친구나 방문객은 너무 많아서 모두 적을 수 없을 정도인데, 그래도 그냥 지나칠 수 없는 이름이 있다. 그는 1966년 제네바에서 열린 세계 교회협의회에서 사무총장이 된 유진 카손 블레이크로, 공동체를 기나긴 "겨울"에서 벗어나게 하는 데 중요한 역할을 한 사람이다. 그는 직책을 맡아 본격적으로 일하기 전에 즉시 떼제를 방문하여 공동체의 교회일치 활동에 관심과 치하를 보냈다. 그 전에 세계 교회협의회의 몇몇 주요 인물이 떼제는 아무런 대표성도 없으며 지금 하고 있는 일을 할 권리가 없다고 불만을 표현한 터였기에 더욱 새롭고 위안이 되는 것이었다. 블레이크는 사무총장으로 일하는 6년 동안 떼제를 자주 방문하였다. 그리고 1968년 7월, 웁살라(스웨덴)에서 열린 세계 교회협의회 총회에 로제 수사를 초청하기도 하였다. 로제 수사는 공식 연설들이 끝나고 본 회의가 시작되는 첫머리에 마이크를 잡았다. 다른 수사들도 그 회의에서 한몫을 해냈다. 다음해에는 공동체가 소데빡스SODEPAX의 작업에 참여해 달라는 초대를 받았는데, 소데빡스는 바티칸과 세계 교회협의회가 정의와 평화의 분야에서 함께 노력하기 위해서 조직한 기구였다. 이에 크리스토퍼 형제가 파견되어 1973년 불시에 타계하기까지 제네바에서 이 일을 계속하였다. 몇 년 후 막스 수사는 가톨릭과 개신교 신학자들이 신앙의 공통 뿌리를 발견하기 위해 협력하는 "신앙과 직제" 위원회에서 이와 비슷한 역할을 하였다.

떼제 형제들은 1975년 나이로비(케냐)에서 세계 교회협의회 총회가 열렸을 때도 참석했다. 그들은 네 명의 젊은이들 — 유럽인 둘, 인도네시아 청년 하나와 카메룬 청년 하나 — 과 함께 유럽

식의 호텔에서 멀리 떨어진 가난한 지역에 있는 젊은 회교도의
집에 머물렀다. 매일 저녁 대표들이 초대되어 함께 기도하고 간
단한 식사를 나누었다. 다음 총회는 뱅쿠버(캐나다)에서 개최되었는
데, 거기에도 로제 수사와 다른 형제들이 참석했다. 한편 캔터베
리의 대주교 세 명이 떼제를 방문했다. 1973년에는 마이클 램지,
1984년에는 로버트 런시, 그 다음 1992년에는 새로 선출된 조지
캐리 대주교가 1천 명의 젊은이들을 이끌고 1주일에 걸친 순례를
왔다. "처음에는 젊은 성공회 신자들에게 설교를 하려고 했습니
다." 그는 설명했다. "그런데 그들처럼 순례하는 게 더 중요하다
는 생각이 들었습니다. 나는 여기 순례하러 왔습니다. 왜냐하면
여기는 관용과 화해의 장소이기 때문입니다."

　캐리 대주교는 동행한 이들과 더불어 여러 나라에서 온 사람들
과 함께하는 모임에 참석했으며 매일 기도와 수사들이 인도하는
성서 묵상시간에도 참여하였다. 대주교는 떠나기 전에 화해의 교
회에 모여 있는 5천 명의 순례자들에게 연설했다. "우리는 여러
분과 함께 와서 우리 주님과 참된 만남을 이루었습니다. 노래하
고 기도하고 침묵하고 공부하고 함께 나누는 동안 우리는 제자들
처럼 그리스도를 만났습니다. … 우리 주님께서는 떼제의 언덕으
로부터 우리 손을 잡고 계곡 아래로, 기쁨과 슬픔이 얽혀 있는
세상으로 다시 데려가십니다. … 수사님들의 특권이자 소명은 우
리를 화해의 대상인 일상세계로 다시 향하게 해주는 것입니다.
… 여기에서 우리는 하느님께서 무슨 일을 하실 수 있는지 생각
하게 됩니다. 여러 해 전 하느님께서는 로제 수사님의 단순한 순
명을 취하셨는데, 거기에서 이러한 기적이 이루어졌습니다. 우리

는 여기서 참으로 훌륭한 비유를 발견하게 됩니다. 주님의 부르심에 순명하며 따르는 그리스도인들이 있는 한 하느님의 교회는 결코 사라지지 않으리라는 사실입니다."

수많은 방문자들 중에 캘커타의 마더 데레사도 있는데, 마더 데레사는 1976년 8월과 1983년 10월에 기도하고 피정하기 위해서 며칠 동안 떼제에 머문 적이 있다. 그리고 크라코프의 대주교 카롤 보이티와 추기경은 교종 요한 바오로 2세가 되기 전에 이미 떼제를 두 번 방문한 적이 있다. 그런가 하면 이스탄불에 있었던 아테나고라스 총대주교와의 마지막 만남을 그냥 지나칠 수 없다. 총대주교는 마치 성작을 들 듯 두 손을 올리며 떠나가는 형제들에게 외쳤다. "이 잔과 빵을 나누는 것! 잊지 마십시오. 그 외에 다른 길이 없습니다!"

1986년 10월 5일

주일 아침, 떼제는 매우 특별한 순례자 한 사람을 기다리고 있었다. 교종 요한 바오로 2세가 프랑스를 세번째 방문하는 길에 떼제에 들르기로 했던 것이다. 7천 명의 젊은이들이 형제들과 함께 교종을 환영하기 위해 모여들었는데, 대부분은 지난 밤에 도착했다. 화해의 교회나 거기에 연결된 큰 천막에 들어가지 못한 사람들은 밖에 모여 텔레비전을 통해 안에서 일어나는 일을 볼 수 있었다. 마을 성당에서는 침묵기도를 하며 밤을 꼬박 새웠다.

아침 8시 30분, 형제들은 교종을 환영하기 위해 교회를 나섰다. 짙은 안개 때문에 헬리콥터가 뜨지 못했기 때문에 교종은 리용에서 일반 차를 타고 올 수밖에 없었다.

차에서 내려 로제 수사를 껴안은 교종은 떼제와 그 창설자에게 편안함을 느끼는 것이 역력했다. 교종은 이미 크라코프의 대주교일 때 떼제를 두 번이나 방문했으며, 로제 수사를 폴란드에, 교종이 된 다음에는 로마에 여러 차례 초대한 바 있다.

교종은 화해의 교회로 들어가, 기다리며 노래부르고 있는 젊은이들에게 인사하며, 2만 5천 명의 젊은이들이 로마에 모였던 두 번의 유럽 모임을 상기했다. 떼제가 주관한 그 모임 때 교종은 성 베드로 성당에서 그들과 함께 기도했던 것이다.

교종은 나무와 짚으로 된 팔걸이 의자가 놓여 있는 작은 연단에 자리잡았다. 로제 수사는 어린이들에게 둘러싸여 몇 마디 환영 인사를 하였다.

"교종님께서 떼제에 오신 데 대해 우리가 얼마나 감사하고 기뻐하는지 모두 표현하자면 몇 날 며칠이 걸릴 것입니다.

지난 수십 년 동안 그리스도인들의 양심은 그 어느 때보다 정의와 평화에 대한 절박한 요구에 눈떠 왔습니다. 그리고 이제는 전세계의 수많은 젊은이들이, 자주 놀라움을 가지고, 부활하신 그리스도 안에서 삶의 의미를 발견하고 있습니다. 모든 것이 무관심의 짙은 구름으로 덮여 있을 때 하느님에 대한 갈망이 나타나는 것과도 같습니다. 따라서 다가오는 세기는 깊은 신앙의 세기가 되리라는 것을 감지할 수 있습니다.

그렇다고 해서 절망하고 자포자기한 사람들을 잊어서는 안됩니다. 어떤 사람들은 온갖 형태로 깨어진 인간관계 특히 깨어진 가족관계에 의해 상처로 얼룩져 있습니다. 그런 사람들의 마음은 내버려진 채 죽어갈 때가 있습니다. 그렇습니다. 자포자기와 고독은 우리 시대에 가장 깊은 상처입니다. 우리 모두 힘을 바쳐 모두가 친교의 원천을 발견할 수 있도록 노력합시다.

교종님, 교종님은 젊은 유럽인들이 매주 떼제에 기도하러 와서 폭넓은 인간 가족을 구축하는 데 관심을 기울이면서, 신앙의 원천을 길어올린다는 것을 알고 계십니다. 우리 형제들과 내가 가지고 있는 나날의 포부는 모든 젊은이들이 그리스도를 발견하는 것, 고립되어 있는 그리스도가 아니라, 그분 몸인 교회, 일치의 그 신비 안에 충만하게 현존하는 '일치의 그리스도'를 발견하는 것입니다. 거기서 많은 젊은이들이 가치들을 손상하지 않고 그 목적에 자신의 온 삶을 바로 바칠 수 있습니다. 거기서 그들은 그들 사이에만이 아니라 노인에서부터 어린아이들에게 이르기까지 모든 세대와 함께 신뢰와 화해의 창조자가 되는 데 필요한 것을 모두 가지고 있습니다.

우리 떼제 공동체에서 삶의 촉진제는 '친교의 그리스도'를 따르는 것입니다. 우리는 길을 찾고, 묻고, 부르고, 필요하다면 간청하기 위해서 세상 끝까지 갈 것입니다. 그렇지만 절대로 밖에서 찾지 않고 언제나 그 독자적인 일치 안 — 교회 — 에 머물면서 그렇게 할 것입니다.

친애하는 교종님, 우리 형제들과 제가 단순한 마음으로 보편적인 사목자로서 당신의 사도직에 주의를 기울이면서 교종님을 사랑한다고 말씀드려도 되겠습니까? 성하의 떼제 방문으로 우리는 영혼 깊이 기쁨을 느끼고 있습니다."

이제 교종이 젊은이들에게 말할 차례다. 그분의 말씀은 강한 슬라브계 억양을 가지고 울려퍼졌다. 그리고 깊은 의미를 담고 있기에 여기 다시 적을 필요가 있다고 본다.

"로제 수사님, 신뢰와 애정이 가득한 말씀 감사합니다. 그리고 나는 그리스도의 기쁨 안에서 여러분 모두에게 인사합니다. … 순례자요 공동체의 친구인 여러분과 마찬가지로 교종도 그저 지나는 길에 있습니다. 그런데 떼제를 지나는 것은 샘물가를 지나는 것과도 같습니다. 여행자들은 멈추어 서서 목을 축이고는 계속해서 자기 길을 갑니다. 아시다시피 형제들은 여러분을 붙잡아 두려 하지 않습니다. 그분들은 기도와 침묵중에, 여러분이 그리스도가 약속하신 생명의 물을 마시고, 그분의 기쁨을 알며, 그분이 계시다는 것을 알아차리고, 그분의 부름에 응답하고, 그러고는 본당, 마을, 도시, 학교, 대학, 일터에서 그리스도의 사랑을 증거하고 형제자매들을 위해 일하러 떠나기를 원합니다. 여기 떼제와 교회의 여러 지역에서 하느님에 대한 갈망으로 목말라하는 우리 여행자들에게 샘물이 솟게 해주는 그리스도는 찬미받으소서!

오늘날 떼제 공동체가 젊은이들 안에 희망찬 신뢰를 심어준다는 사실은, 모든 교회와 그리스도교 공동체에서 또 세상의 정치 지도자들 사이에서도 널리 알려져 있습니다. 오늘 아침 내가 여기 온 것은 무엇보다도 이 신뢰와 희망을 나누기 위해서입니다.

사랑하는 젊은이 여러분, 교회는 복음의 기쁜 소식을 세상에 전하기 위해 여러분의 열정과 관용을 필요로 합니다. 힘겨운 여행중에 시련을 겪은 기성세대들은 공포와 권태의 희생물이 될 수 있고, 또 모든 그리스도인 소명의 표징인 역동성이 약화되는 것을 그냥 바라만 보고 있을 수도 있습니다. 또한 제도들은 거기 속한 사람들의 판에 박힌 태도나 결함으로 인해 복음의 권고를 제대로 살지 못할 수도 있습니다. 그래서 교회는 그 사명을 수행하기 위해 희망과 열정으로 충만한 여러분의 증거를 필요로 합니다. 수동적으로 비판만 하거나 단체나 사람들이 개선되기만 기다리지 마십시오. 본당으로, 학생 단체로, 다양한 운동과 공동체로 가서 인내심을 가지고 여러분의 젊음과 재능을 발휘하십시오. 그리고 교회 봉사자들을 신뢰하고 지지해 주십시오. 그분들은 예수님의 이름으로 여러분의 종입니다. 그리고 그때문에 여러분에게는 그 봉사자들이 필요한 것입니다. 교회는 여러분과 여러분의 참여를 필요로 합니다. 물론 교회 안에서 일하다 보면 분열, 내적인 긴장들 그리고 거기에 속한 사람들의 서글픈 상황 때문에 당황할 때도 있을 것입니다. 그렇지만 여러분은 머리이신 그리스도로부터 진리의 말씀, 그분의 생명, 사랑의 숨결을 받아 충실하게 그분을 사랑하고 다른 사람들에게 여러분의 삶을 기쁘게 선사하는 모험을 감행함으로써 인생을 성공적으로 이끌 수 있을 것입니다."

말을 마치고 나서 교종은 형제들 사이에 내려가서 잠시 동안 무릎을 꿇었다. 그리고 떼제에서 자주 사용하는 기도문을 읽었다. "오 하느님, 전세계에서 평화와 진실, 그리고 화해를 증거하려고 애쓰는 수많은 사람들과 젊은이들 그리고 어린이들을 위해서 당신을 찬미하나이다. 마리아와 사도들로부터 시작해서 모든 시대에 그리스도를 증거하는 이들의 발자취를 따라, 우리가 당신 아들 우리 주 예수 그리스도를 통하여 당신 교회의 신앙의 신비를 나날이 믿을 수 있게 하소서." 그리고 젊은이들이 계속해서 노래하는 동안 형제들과 만나기 위해 작은 방으로 내려갔다. 교종은 각 형제에게 개인적으로 인사하고 나서 마음에서 우러나오는 연설을 했다. 그리고 형제들을 깊이 감동시키는 메시지를 글로 남겼다. 그 메시지를 읽어주기만 해도 공동체의 소명을 제대로 설명하는 것이 된다는 말이 나올 정도로 그 글에는 떼제의 특징이 잘 나타나 있다. 형제들은 그것을 자신들이 선택한 삶을 확인해주는 것으로 중요하게 여겼다.

"친애하는 형제 여러분, 이렇게 잠깐 동안의 만남을 통하여 가족적인 친밀감을 느끼며, 여러분을 그렇게도 사랑하시던 교종 요한 23세께서 로제 수사님께 어느 날 하신 인사말로 나의 사랑과 신뢰를 표현하고자 합니다. '아, 떼제, 그 작은 봄소식!'

　주님께서 여러분을 피어나는 봄철 그대로, 복음의 기쁨과 형제적 사랑의 투명함을 지닌 채 작은 그대로 존재하도록 지켜주시기를 빕니다. 여러분은 하느님의 자비 안에서 그리고 형제들의 공동체 안에 살기 위해서 여기 왔습니다. 여러분은 그리스도에 대한 사랑으로 온 존재를 봉헌하는 데 하느님의 자비와 형제들의 공동체를 발견하였습니다. 그런데 여러분은 의도하지 않았지만, 수천 명의 젊은이들이 여러분의 기도와 공동체 생활에 이끌려 각처에서 모여들었습니다. 이 젊은이들은 여러분이 진실한 삶을 추구하는 모든 사람들의 봄철로서, 젊은이들의 기쁨과 신선함 속에, 함께 머물라고 자극하기 위해서 주님께서 주신 선물이요 도구라고 봅니다. 그렇게 생각하는 것이 당연하지 않습니까? 여러분의 나날, 일, 휴식, 기도, 이 모든 것은 하느님 말씀으로 생기를 얻는데, 말씀은 여러분을 사로잡고, 미소한 상태, 즉 하늘에 계신 아버지의 자녀, 지복직관의 기쁨 안에서 모든 이의 형제요 종의 상태로 머물게 해줍니다.

　여러분 공동체는 독자적이고 참신하며, 어떤 의미에서 잠정적인 성소이기 때문에, 사람들을 놀라게 하고 또 몰이해와 의혹에 처할 때도 있을 것입니다. 그렇지만 모든 그리스도인이 온전한 일치 안에서 화해하기를 바라는 열정으로 인해, 교회에 대한 사랑으로 인해, 여러분은 계속해서 주님의 뜻에 마음을 열 수 있으리라고 확신합니다. 다양한 종파와 공동체에 속한 그리스도인들의 비판이나 제안에 귀기울이고 또 좋은 것을 지킴으로써, 모든 사람과 대화하면서도 여러분의 기대나 계획을 서슴없이 표현함으로써, 여러분은 젊은이들을 실망시키지 않을 것이고, 단 하나의 신앙 안에서 온전한 일치를 이루며 그리스도 지체의 가시적 일치를 회복하기 위한 노력을 게을리하지 않을 것입니다. 이는 그리스도께서 바라시는 바입니다. 교회일치는 나의 개인적인 의무요 우선으로 삼는 사도직으로서, 여러분의 기도에 얼마나 의존하고 있는지 모릅니다.

여러분 자신이 '공동체의 비유'가 됨으로써, 만나는 사람들이 모두 자신의 공동체와 교육의 결실 그리고 양심상의 선택에 충실하도록 도울 뿐 아니라, 교회는 하느님의 계획 안에 있다는 친교의 신비에로 더욱더 깊이 들어가도록 할 것입니다. 그리스도께서는 당신을 교회에 선물로 주심으로써, 모든 그리스도인들 안에 사랑의 힘을 풀어놓으셨고 정의와 평화의 창조자가 되도록 보편적인 마음을 주셨으며, 그들의 관상 속에 인간, 즉 모든 인간과 전체 인류의 총체적인 해방을 위해서 복음의 길을 따른 투쟁을 접목시킬 수 있도록 하십니다.

친애하는 형제님들, 초대해 주셔서 감사합니다. 주님께서 여러분을 축복하고 또 그분 평화와 사랑 안에 머물게 해주시기를 빕니다."

떠날 때가 되었다. 요한 바오로 2세는 차를 타러 가다가 갑자기 교회로 다시 돌아가서 젊은이들에게 작별인사를 했다. "이제 작별인사를 해야겠군요. 떠나기가 섭섭합니다. 그렇지만 교종은 복종해야 합니다. 교종에게는 윗사람이 많습니다!" 한바탕의 웃음이 성당에 울려퍼지고 이내 박수 소리가 따랐다. 그리고 교종이 떠날 때 젊은이들은 다시 노래를 부르기 시작했다.

떼제와 젊은이들

파트릭은 프랑스 출신 의사로서 콜롬비아의 가난한 사람들 사이에서 일하고 있다. 그는 최근 유럽을 다니러 온 길에 라틴아메리카에서 있었던 일을 이야기해 주었다.

"어느 날 정글 깊숙히 자리잡은 수도원, 가장 가까운 읍내에서도 여러 시간 걸어가야 하는 수도원을 방문했습니다. 수사님들이 따뜻하게 맞아주었습니다. 나는 어떤 수사님과 대화를 하다가 어떻게 해서 가난한 사람들 사이에서 일하게 되었는지 말해주게 되었습니다. 내 조국 프랑스의 어떤 공동체에 관한 이야기였지요. 나는 10년 동안 그 공동체를 방문했고, 마침내는 결정적인 발걸음을 내디뎠습니다. '떼제가 아니었다면 오늘 여기서 당신과 이야기하고 있지 않을 겁니다.' 이 말을 듣자 그 콜롬비아인 수사님은 미소지으며 대답했습니다. '저도 떼제에 가지 않았더라면 오늘 여기 있지 않을 겁니다. 거기서 제 성소를 발견하였지요!'"

어떻게 해서 이렇게 외딴 마을의 작은 수도 공동체가 지구를 가로질러 그렇게 많은 사람들에게 영향을 미치게 되었을까? 그렇게 많은 젊은이들이 떼제에 매력을 느끼는 이유는 무엇인가? 그들은 떼제에서 무엇을 발견하는가? 물론 이런 질문은 너무 방대해서 어느 책에서도 그 대답을 찾을 수 없을 것이다. 그렇지만 이 공동체와 젊은 방문자들 사이의 관계를 이야기하고, 특히 몇

몇 젊은이들의 이야기를 들어보면 어느 정도 윤곽을 파악할 수 있을지도 모른다. 아니 아직도 형성 과정에 있는 공동체의 몇 가지 단편적인 모습을 파악하는 데 지나지 않을지도 모른다.

기도하는 장소

떼제에는 늘 많은 사람들이 찾아온다. 그들은 대륙과 국적·교회 전통·종교가 서로 다르며, 신앙이 없는 사람들도 있고, 자기가 무엇을 믿고 있는지 표현하지 못하는 사람들도 있다. 젊은이도 있고, 장년층도 있고 또 노인도 있다. 노동자가 있는가 하면 학생도 있고 실직자도 있다. 그들은 신앙을 심화하기 위해, 기도를 배우기 위해, 다른 사람들을 만나기 위해 떼제에 온다. 좀더 많은 것을 알고 싶기 때문이다. 그런데 그들은 떼제에서 무엇을 발견하는가?

1962년 이래로 방문자들은 화해의 교회를 찾는다. 교회는 항상 열려 있으며 누구나 들어와서 침묵하면서 거기서 진행되는 기도 분위기의 예배에 참여할 수 있다. 이 교회 건물은 고정되어 있지 않고 항상 변화하는 떼제의 좋은 본보기다. 한때는 콘크리트 바닥이 그대로 드러났는데 지금은 값싼 카펫으로 덮여 있다. 의자도 없다. 수사들과 방문자들 사이에는 이콘과 줄줄이 무성한 나뭇가지들밖에 없다. 1971년까지 교회 서쪽으로는 견고한 벽이 있었는데, 그해 부활절을 지내러 오는 사람들을 수용하기에는 너무 좁다고 여긴 공동체는, 입구 쪽 벽을 트고 대형 천막을 세웠다. 기도양식도 변하고 발전했다. 기도와 독서에 프랑스어만 사용할 때도 있었지만 지금은 아주 다양한 언어를 사용한다.

하루에 세 번 기도시간을 알리는 종이 울리면, 토의 그룹은 나누던 대화를 멈추고, 접수처는 문을 닫아 걸고, 주방에서는 냄비와 칼을 내려놓는다. 수사들과 순례자들 모두가 하던 일을 멈추고 화해의 교회로 향하는 것이다. 한 주일을 머물든 한 달을 머물든 혹은 평생을 살든, 모든 것은 기도를 중심으로 이루어진다.

처음 방문한 사람에게는 하루 세 번씩 기도하는 것이 놀랍기만 하다. 심지어는 겁이 날지도 모른다. "집에서는 주일에만 교회에 나갑니다." 스웨덴에서 온 젊은이가 말했다. "그래서 하루에 세 번씩이나 교회에 가야 한다는 사실이 좀 부담스러웠습니다." 그러니 한 번도 교회에 가지 않던 사람은 어떻겠는가? 그런데 떼제에서 일주일을 지내고 나면 질문의 방향이 바뀌는 게 보통이다. "여기서 발견한 것을 일상생활에서 지속시키려면 어떻게 하는 것이 좋겠습니까?" 이렇게 기도가 아주 필수적이라는 것을 발견하는 사람이 많다. 발레리의 애기를 들어보자. "교회에 처음 들어왔을 때는 깊은 감동을 받았습니다. 전에는 그런 기도가 있는지도 몰랐기 때문이지요. 그것은 나를 강하게 사로잡았습니다. 처음 며칠 동안은 다른 사람들의 기도에 의해 이끌리고 있다고 느꼈는데, 일주일이 지날 무렵에는 나 자신이 기도하고 있었습니다."

화해의 교회에 들어설 때 가장 먼저 인상깊게 들어오는 것은 평화롭고 조용한 분위기다. 희미한 불빛 안에 촛불이 깜빡거리며 이콘들을 비추는데, 그 이콘들은 우리를 맞이하고 하느님의 신비로 들어가도록 이끌어준다. 아기 예수를 세상에 내주는 자세로 안고 있는 동정 마리아, 벗의 어깨에 팔을 두르고 있는 예수, 환대의 이콘이라고 알려져 있는 삼위일체, 그리고 중앙에는 십자가

화해의 교회에서 매일 세 차례 거행되는 공동기도

상에서 온 인류를 품듯이 팔을 벌리고 있는 예수 성화가 있다.

전면 중앙에는 제대가 있다. 그 뒤에는 상자 모양의 붉은 벽돌 속에 작은 촛불들이 켜져 있다. 모든 것이 단순하고 아름답다. 빨간 성체등이 눈길을 끈다. 이 침묵 속에는 성체 안에 계시는, 부활하신 그리스도가 살고 계시다.

교회는 밤낮 개방되어 있어 젊은이들이 기도하는 모습을 언제라도 볼 수 있다. 바닥에 앉은 사람도 있고 무릎을 꿇은 사람도 있다. 이마가 땅에 닿도록 고개를 숙이고 있는 사람도 있는데, 이것은 자신을 전부 하느님께 바친다는 것을 나타내는 전통적인 자세다.

"하느님께 말씀드리는 것만이 기도가 아니라는 것을 여기서 깨달았습니다. 기도는 귀기울이는 것이기도 하며, 아무 일도 일어나지 않는 것 같을 때에도 하느님의 현존 안에 머무는 데 동의하는 것입니다" 하고 영국에서 온 레이첼이 말했다.

공동기도 시간에는 형제들이 중앙에 앉고 그 주위에 다른 사람들이 자리잡는다. 형제들은 하얀 수도복을 입었는데, 그것은 전 존재가 그리스도를 입었다는 것을 상징하고, 자신들이 한 공동체임을 드러내준다. 그것은 또 말없이 하느님을 찬미하는 방법이기도 하다.

수사들은 모든 사람이 예식에 참여할 수 있도록 끊임없이 노력해 왔다. 시편송, 성서 봉독, 청원기도, 기도문 낭독 등 떼제의 기도는 위대한 수도원 전통에서 영향받은 것이다. 그리고 영어, 독일어, 스웨덴어, 스페인어, 이탈리아어, 포르투갈어, 프랑스어, 폴란드어, 한국어, 중국어, 일본어 등 다양한 언어를 사용하는 것이 더욱 이례적인데, 참가자들이 성서 구절 하나라도 모국어로 들을 수 있게 배려하는 것이다. 10여 가지 언어로 복음을 낭독하는 것은 다양성 안의 일치를 나타내는 일종의 비유가 되는 동시에 교회의 보편성을 느끼게 하는 역할도 한다.

음악 또한 독특하다. 공동체는 모든 사람이 함께 노래할 수 있기를 원했다. 그런데 그렇게 다양한 언어를 사용하는 사람들이 잠시 머무는 경우가 많은데, 외국어로 된 복잡한 악보를 익힐 시간이 어디 있겠는가? 그래서 발견한 해결책은 아주 새로운 것이었는데, 나중에 알고 보니 오랜 전통에 맥이 닿는 것이기도 했다. 성서 구절로 이루어진 후렴에 곡조를 붙여 돌림노래로, 혹은 단순히 반복해서 부른다. 이렇게 몇 마디 말을 거듭거듭 반복하는 것은 하느님과 내적인 일치를 이루게 해주어 수세기 동안 관상기도에 도움이 되어왔다. 동방교회의 "예수기도"나 "삼종기도"는 이런 유형의 기도다. 이렇게 성서나 시편을 노래로 부르면 복음의 기본 진리가 우리 안에 스며들고, 기도를 마치고 교회 밖으로 나와서도 그 운율이 "끊이지 않는 기도"가 되어 우리 안에 살아남게 된다.

이렇게 해서 "떼제의 노래"가 생겨났는데, 오늘날에는 여러 나라 말로 번역되어 세계 도처에서 불리고 있다. 아일랜드의 한 청년은 자기 본당에서 부르는 노래가 떼제 공동체에서 불리는 것을 보고 깜짝 놀랐다고 한다. 그 노래들은 북아메리카에도 널리 알려 있고, 폴란드어·체코어·크로아티아어·헝가리어 … 등으로 번역되어 있기도 하다. 그리고 캘커타의 슬럼가에서 벵골어로, 나이로비에서 스와힐리어로, 서울에서 한국어로, 홍콩에서 중국어로, 라틴아메리카에서 스페인어로 불리는 것을 들을 수 있다. 처음에는 프랑스어를 너무 많이 사용하지 않기 위해서 라틴어 가사에 곡을 붙였다. 이를테면 Ubi caritas et amor, Deus ibi est(자비와 사랑 있는 곳에 하느님께서 계시도다) 같은 노래들이다. 그런데 이제는 다른 여러 나라 말이 사용되고 그래서 기도시간은 다른 언어의 아름다움을 발견하는 기회가 되기도 한다. 1981년 런던의 성 바울로 성당에서 열린 첫 유럽 모임에서는 이 떼제 노래들이 성당 가득히 울려퍼졌다. 영어로 된 노래들이 많았지만 두 곡은 독일어로 된 것이었다. 그런데 아직도 2차 세계대전의 폭음을 생생하게 기억하고 있는 런던의 한 노인은 다음과 같이 적었다.

"어느 늦은 저녁이었습니다. 성 바울로 성당 앞 계단은 비어가고 있었습니다. 에스컬레이터를 타고 지하철로 내려가고 있는데 아래에서 노랫소리가 울려나왔습니다. Bleibet hier und wachet mit mir, wachet und betet(여기 나와 함께 머물며 깨어 기도하라). 40년 전 공습을 피해 수많은 사람이 바로 그 계단을 내려가던 어린 시절의 초상이 떠오르면서 갑자기 목이 메어 왔습니다. 그런데 지난날 적들의 자녀와 손자손녀들이, 내가 자라면서 미워하도록 배웠고 이제야 비로소 좋아하기 시작한 독일말로 그 아름다운 노래를 부르고 있는 것입니다."

성서 봉독 후의 긴 침묵은 떼제 공동기도의 중심이 된다. "방금 들은 말씀을 묵상하는 시간이지요." 독일 청년이 설명했다. "개인기도 시간, 혹은 그저 하느님의 현존 안에서 다른 사람들과 함께 쉬는 시간입니다. 아마도 우리 안에 계시는 절대 타자를 가장 의식하는 시간일지도 모릅니다." 아침과 저녁으로는 이 침묵에 일련의 기도가 이어지는데, 이는 교회와 세계, 박해받는 사람들, 잊혀진 사람들, 고통받는 사람들 등을 위한 기도다. 로제 수사는 이를 "불기둥"이라 불렀다. 저녁기도 후에 교회에 남아서 계속 노래하며 기도하는 젊은이들이 많은데, 여러 시간 계속될 때도 있다. 하얀 수도복을 입은 수사들도 몇몇 남아 노래가 끊이지 않도록 도와 주고 마음을 털어놓는 사람들의 이야기를 들어준다. 떼제에 도착하면 다음과 같은 안내문을 받게 된다. "상처받은 일이 있다든지 살아 계신 하느님을 찾아가는 길에 장애물이 있다고 느끼면 수사들과 이야기하십시오. 수사들이 당신 말을 듣기 위해 저녁기도 후에 교회에 남아 있습니다. 하고 싶은 말을 다른 사람에게 하고 나면, 자신을 가로막고 있는 장애물을 물리치고 길을 발견하는 데 도움이 될 것입니다." 이처럼 떼제에서는 경청하는 사목을 매우 중요시하는데, 여러 해 전부터 안드레아회 수녀들도 이 일을 돕기 시작했다. 그리고 일주일 동안의 침묵 피정은 젊은이들이 새로운 삶의 방향을 발견하는 데 도움을 준다.

수사들은 자신들의 기도가 "이 세상에서 천상의 기쁨을 느낄 수 있는" 아름다운 공간이 되기만 바라는 것이 아니라, 우리가 살고 있는 세상에 대한 관심도 강조한다. 기도가 세상과 분리되어서는 안된다는 것이다. "떼제는 종교가 현실과 유리된 곳이 아닙니다." 영국 노팅검에서 온 수잔이라는 젊은 여성이 말했다. 수잔이 처음으로 떼제에 온 것은 1981년 어떤 그룹에 끼여서였다. "이곳에서는 결단을 요구하기 때문에, 지내기가 결코 쉽기만 한 것은 아닙니다. 처음에는 작은 것들로부터 시작해서 다음 단계로 넘어가고 … 그리하여 마침내 딴사람이 되어 집으로 돌아갑

니다. 자신의 껍질이 하나 둘 벗겨져 내면의 자아와 외면의 거리
가 좁아집니다. 기도하기를 주저했는데 그렇게 주저하던 마음은
알지도 못하는 수많은 사람들 사이에서 사라져 버립니다. 이곳의
가치 기준은 아름다움, 단순성, 개방성 그리고 관용 같은 것입니
다. 조금 머물다 보면 하루 세 번 교회에 가는 것, 아침 일찍 교
회에 들어가서 저녁 늦게 나오는 것이 당연해집니다. 예배가 더
이상 부자연스럽거나 삶과 유리된 것이 아니고 모든 것을 포용하
고 모든 것에 스며드는 것입니다. 여기서 얻은 통찰을 지역 공동
체로 돌아가서 실행해야 한다는 점이 강조됩니다. 그것은 여정의
끝이 아니라 시작인 것입니다. 이제 우리는 혼자가 아닙니다. 우
리는 함께 길을 가고 또 그리스도께서 우리와 동행하십니다."

투신하라는 부름

떼제는 기도하는 장소인 동시에 — 또 그때문에 — 많은 사람
들과 사귀면서 삶의 의미를 발견하는 장소이다. 성 안드레아회의
마리 타르시시우스 원장수녀는 이웃 마을에 살면서 20년 이상 수
사들과 함께 일해 왔는데, 젊은이들이 삶의 의미를 발견하는 것
이야말로 떼제 언덕에서 일어나는 가장 중요한 일이라고 말한다.
"여기 오는 젊은이들은 일종의 '의미의 충격'을 받습니다." 그들
은 교회와 사회 일반에서 자기들이 감당해야 할 역할과 자신들의
삶을 새로운 시선으로 바라본다는 것이다.

이것은 떼제에 도착하면 받게 되는 안내문을 보면 알 수 있다.
"당신이 기도와 명상과 대화를 통하여 … 하느님의 살아 있는 샘
터에 가까이 갈 수 있도록 맞아들이는 것이 이곳 공동체의 소명

의 일부임을 알아두십시오. 당신은 삶의 의미를 발견하기 위해 떼제에 왔습니다. 그리스도의 신비는 그분이 먼저 당신을 사랑하셨다는 데 있습니다. 거기에 당신 삶의 의미가 있습니다. 영원히 사랑받는 것, 하느님의 용서와 신뢰를 옷입는 것. 이렇게 해서 마침내 당신은 삶을 내어주는 모험을 감행할 수 있을 것입니다.”

우리를 위한 그리스도의 사랑 안에서 인생의 의미를 발견하고 그로 인해 삶을 바치는 모험을 감행하는 것! 사람들이 떼제에 오는 이유는 매우 다양하지만, 결국 이것 때문에 그렇게 많은 사람들이 모여드는 것이다. 떼제에서는 자신의 삶을 내어주는 문제, 투신의 문제가 아주 중요한 주제가 되고 있다. 수사들의 존재 자체도 많은 이들에게 도전이 된다. 마르세이유에서 온 안느는 설명한다. “기도에 참여할 때 나는 수백 명의 젊은이들이 교회에 있는 것을 보고 그리고 그 가운데 각 대륙에서 온 모든 세대의 수사님들이 있는 것을 보고 무척 감동받았습니다. 전에는 ‘예’ 하고 대답한다는 것이 가능한지, 그렇게 할 수 있는 힘을 어떻게 얻을 수 있는지, 왜 그리스도를 따르기 위해서 자신을 바쳐야 하는지 의문이 들곤 했습니다. … 그런데 기도하는 수사님들의 공동체를, 충실히 머물 수 있는 용기와 담대함을 가진 수사님들을 보고서 해답을 어느 정도 얻은 것 같습니다.”

떼제는 물론 세계 각지에서 수사들이 주관하는 모임에서 삶을 바친다는 문제가 묵상 주제가 된다. 어떻게 일생을 걸고 그리스도께 “예” 하고 응답할 수 있는가? 이는 1984년 독일 쾰른에서 열린 유럽 모임의 어느 날 오후 “워크숍” 주제의 하나였는데, 1천 명 이상이 몰려드는 바람에 갑자기 장소가 비좁아졌다.

젊은이들은 매일 떼제의 형제들과 함께 성서 묵상시간을 가진다.

젊은이들은 이 주제에 대한 성서 묵상 길잡이를 들은 후 토론과 나눔의 시간을 가진다. 결혼생활이나 독신생활 안에서 결정적인 "예"로 그리스도께 응답할 수 있는 방안은 무엇인가? 그리스도를 따르겠다는 결정이 자신의 공부나 직장생활, 혹은 시간 사용에 어떤 영향을 미치는가? 이런 질문에 대답하는 데 그룹 나눔도 중요하지만 침묵, 기도, 수사나 수녀와의 개인적인 대화도 중요한 역할을 한다. 많은 젊은이들이 삶을 바친다는 문제를 가지고 일주일 동안 침묵 피정을 하기도 한다.

떼제에서 일주일을 보내는 것 역시 투신 문제가 제기될 때 따라올 수 있는 망설임이나 두려움을 직시하는 기회가 된다. 로제 수사는 편지에서 이 문제를 자주 다루고 있다. "이 '예'라는 대답이 평생을 요구한다는 사실을 알기 시작할 때 당신은 엄청난 미지의 세계를 예감하게 됩니다. 과연 내가 유지할 수 있을 것인가? 처음에는 인간 조건에 거의 필연적이라 할 수 있는 반사적인 반응으로 주저하고 거절합니다"(「사막에서 온 편지」). 그리고 그는 태어날 때부터 복음을 자연스럽게 살 수 있는 사람은 하나도 없다는 사실도 상기시킨다. 모든 것을 바치라는 그리스도의 부르심을 대할 때 우리가 가장 먼저 하는 것은 기도다. "자신을 내어줄 수 있는 은총을 주십시오." 어떤 젊은이는 침묵 속에서 일주일을 보낸 후에 다음과 같이 기록했다. "나는 자유를 느낀다. 이제는 그리스도를 따르는 것이, 내가 무의식적으로 상상해 왔던 것과는 달리, 어떤 사람의 뒤를 의무감에서 따라 걸어가는 것이 아니라는 것을 안다. 예수를 따른다는 것은 그분 사랑 안에 머물고, 친구가 되라는 부르심을 받고, 열매를 맺는 것을 의미한다."

떼제에서 일주일을 보내다 보면 서로 다른 문화와 삶의 환경에서 온 그 많은 사람들도 자기와 똑같은 질문을 하고 있음을 알게 된다. 어떻게 하면 복음을 끝까지 살아낼 수 있는가? 이미 응답하기 시작한 사람이 있다는 사실과, 선택된 소수에게만 그 길이 열려 있는 것이 아니라는 사실을 알게 된다. 다른 사람들의 체험을 들으면 용기가 생김을 알게 되고, 토의 그룹에서는 작은 걸음을 내딛는 것이 중요하다고, 이 작은 걸음들이 나아가 삶 전체를 봉헌하는 길을 가리켜 준다는 소리를 자주 듣는다. 마르세이유에서 온 안느는 말한다. "나는 겨자씨만한 믿음을 가지고도 '예'라고 응낙할 수 있고, 거의 아무것도 모르면서 출발할 수 있으며, 전에는 상상조차 못했던 것이 가능하다는 것을 발견했습니다."

같은 노선에서 로제 수사는 다음과 같이 썼다. "신뢰하는 마음으로 만사를 시작한다면 전생애를 건 담대한 응낙이 가능해질 것입니다.” 떼제는 모든 것을 우리 힘으로 이루어야 하는 것은 아니라고 상기시켜 주기에 이 “신뢰”라는 말이 함축하는 바는 크다. 우리는 부르심에 응답하고, 우리의 망설임이나 두려움을 넘어서 “성령께서 우리 존재의 가장 깊은 곳에 이 응낙을 가져다 놓으셨다”는 것을 발견하고 경이로움을 느끼지 않을 수 없다.

“복음서에 나오는 젊은이는 처음에는 ‘아니오’라고 대답했습니다. 결코 강요하는 일이 없는 하느님은 그의 응낙을 억지로 받아내지 않으셨습니다. 그러나 젊은이는 그의 거부가 자기 안에 분열을 자아낸다는 것을 깨닫게 됩니다. 그가 거부하면 자기 안에 있는 무엇, 즉 그의 깊은 내면에서 마리아가 말한 ‘예’와 같은 수락의 응답을 말하는 하느님의 성령과 일치하지 못하는 것입니다. 당신 내면의 깊은 곳에서 이 응낙이 솟아날 때 당신은 마침내 ‘나는 원합니다’라고 말할 수 있게 됩니다.

그리스도 때문에 수락하는 ‘예’는 당신을 위험에 내맡기게 합니다. 당신 자신에게서, 그리고 중요한 유대감에서 당신을 벗어나지 못하게 합니다”(「사막에서 온 편지」).

이 부분을 끝맺으면서, 떼제를 방문함으로써 삶을 바치게 된 젊은이들의 이야기를 들어보자. 네빌은 영국 리즈에서 왔다. “지난번에 떼제를 다녀온 뒤로, 나는 인생의 선택권이 거의 주어지지 않은 사람들의 목소리를 이해하고 또 그에 응답하기로 결심했습니다. 우리 주위에는 우리를 우울하게 하는 것은 많고, 더 나은 것에 대한 희망은 별로 보이지 않지만 사실 희망이 아주 없는 것은 아닙니다. 이런 희망은 정치가들이나 교회 지도자들에게만 있는 것이 아니라, 사람들 사이에, 한잔의 커피를 대접하기 위해, 혹은 그저 자신의 이야기를 하기 위해 여러분을 맞아들이는 바로 그 사람들 안에 있습니다. 이 희망은 사회의 끝자리, 민중 생활의 저변에서 그 힘과 '권능'을 길어올립니다.

떼제에서 리즈로 돌아온 지 얼마 되지 않아 나는 지역교회의 협조로 실직자들의 요구와 열망에 부응하기 위한 소규모의 자조 계획을 세웠습니다. 작년에는 나 자신도 실직상태였습니다. 그래서 우리는 희망을 건설하기 위해서 소규모로 함께 일했습니다. 내가 운좋게도 함께 일할 수 있던 사람들은 주로 벵골인, 베트남인, 파키스탄인들이었습니다. 여러분도 알다시피 도시 중심부의 빈민 지역에는 폭동이나 강탈 이상의 무엇이 있으니, 거기에는 아직 실현되지 않은 가능성이 어렴풋이 비치고 있고, 또 그것을 지탱해 주는 그리스도가 있습니다."

마이클은 영국 남부의 분주한 교회에서 일하는 젊은 사제다.

"떼제는 내 삶을 완전히 바꾸어 놓았습니다. 나는 거기 수사님들 덕분에 사제성소를 발견하게 되었습니다. 떼제 언덕의 공동생활과 공동기도로 인해 내 신앙은 정말 풍부해졌습니다. 말씀은 전에는 발견하지 못했던 방법으로 활동으로 뒷받침되었습니다. 나에게도 아주 어려운 시기가 몇 차례 있었는데, 그때 내 얘기를 들어주고 이해해 주리라 믿으면서 찾아갈 곳은 떼제밖에 없었습니다. 나는 거기서 진정으로 이해받는다는 것을 너무나 잘 알았습니다. 나의 영적 성장 과정에서 수사님들은 그리스도와의 관계에서 내 삶을 조명하고 내 안에서 무슨 일이 일어나고 있는지를 이해했습니다. 심지어는 나도 깨닫지 못하고 있는데 나에게 사제성소가 있다는 것도 발견해 주었습니다."

그리스도 부활하셨도다!

1970년 성주간. 일군의 젊은이들이 여러 대륙으로부터 떼제의 로제 수사 곁으로 모여들었다. 대부분은 남반구, 그 목소리에 귀 기울여 주는 이가 없는 민족들 사이에서 왔다. 이제 떼제에서는 그들의 말을 들어줄 것이다. 지난 여름부터 7개월 동안 모두가 탐구 과정에 참여하라는 부탁을 받았다. 교회와 세상에 염세주의와 비탄이 만연되어 있는 이때, 우리가 알릴 수 있는 희망의 기쁜 소식은 무엇인가? 혼란한 그리스도교 교회에 기쁨을 회복시켜 줄 수 있는 소식은 무엇인가? 젊은이들은 겨우내 탐구해 온 결과를 읽고, 그 중 가장 중요한 것을 가려내도록 초대된 것이다.

처음으로 떼제의 부활절에 이렇게 많은 사람들이 모여들었다. 숙박 시설이 거의 없고 날씨가 매섭게 추웠는데도 2천5백 명의 젊은이들이 약속된 "기쁜 소식"을 듣기 위해 왔다. 부활절이니만큼 소식은 부활의 소식일 테고, 다음 이어지는 행사들도 부활을 중심으로 이루어지게 될 것이다. 그런데 그 부활절 오후에 교회로 비집고 들어갈 때만 해도 젊은이들은 그 사실을 몰랐다. 팀 멤버들이 말하기 시작했다. "지난해에 우리는 뭔가 '기쁜 소식'을 알려야 한다고 제안했습니다. 그리하여 우리는 전세계 젊은이들로부터 제안을 들었습니다. 우리는 북반구와 남반구가 서로 관계를 맺어야 한다고 생각했기 때문에 남반구로부터 아주 중요한 제안을 받았습니다. 라틴아메리카의 젊은이들은 '더욱더 파스카적인 교회, 인류를 자유롭게 해주는 복음을 충실하게 증거하면서, 온갖 권력 수단을 거부하는 교회'가 절실히 필요하다고 역설했습니다. 아프리카와 아시아의 젊은이들은 친교와 나눔과 축제

떼제에서 열리는 젊은이 모임

가 지닌 가치 등 그들 자신의 가치를 북반구가 질식시키고 있다
는 것을 알고 있습니다."

"따라서 우리는 파스카 부활의 소식을 전해야 합니다.

'부활하신 그리스도는 인간 존재의 가장 깊은 곳에서 축제를
되살리러 오십니다.'

'부활하신 그리스도는 교회의 봄날을, 권력 수단이 없는 교회,
모든 사람과 나눌 준비가 되어 있는 교회, 온 인류에게 가시적인
친교의 장소를 준비하고 계십니다.'

'부활하신 그리스도는 우리에게 화해의 길을 열기에 충분한 창
의력과 용기를 주실 것입니다.'

'부활하신 그리스도는 사람이 사람의 희생물이 되지 않도록 우
리 삶을 내주도록 준비시킬 것입니다.'"

이 네 문장은, 젊은이들이 다음 여러 해 동안 추구하는 데 자
극제가 되었는데, 다음 글에서 더 심화되고 설명이 덧붙여졌다.

"우리는 성찬 안에서 부활하신 그리스도를 경축합니다. 우리는
성찬을 통해, 부활하신 그리스도의 생명을 나누어받고 파스카 신
비에 참여하며, 그리스도의 몸인 교회와 우리 형제자매들 안에서
세상 끝날까지 고통을 겪으실 그리스도의 시련을 나누고, 유일하
게 우리 존재의 가장 깊은 곳을 변화시켜 주시는 부활하신 그리
스도께서 베풀어주시는 축제를 우리 가장 깊은 차원에서 살기로
되어 있습니다. 성체는 약하고 무방비 상태인 우리를 위해 있습
니다. 우리는 가난한 마음으로 또 참회하는 마음으로 그것을 받
아모십니다. 성체는 사막길을 거쳐 나눔의 교회를 향해 나아가는
우리 여정에서 만나를 저장하지 않고 물질을 쌓아두지 않으며 생

명의 빵만 아니라 땅의 재화도 함께 나눌 용기를 줍니다.

우리는 이 세상에 불을 지피는 사랑, 교회에 대한 사랑으로 부활하신 그리스도를 경축합니다. 교회는 숨어서, 은밀히 움직이면서 첫번째 성령강림절부터 흐르는 지속성을 확인해 주며 보이지 않게 흐르는 지하수 같기도 하지만, '모든 사람이 볼 수 있는 언덕 위의 도시'이기도 합니다. 교회는 우리의 형제적인 사랑과 재발견된 일치로 모든 사람에게 유례없는 형제애, 일치, 나눔의 누룩이 되라는 부름을 받습니다. 그것이 교회일치 성소의 본질입니다. 그리스도께서는 돌아가시기 전날 밤 우리가 하나되는 모습을 보고 세상이 믿을 수 있도록 서로 일치하라고 기도하셨습니다.

우리는 우리 형제자매들 안에 부활하신 그리스도를 찬미합니다. 우리는 기도와 서로에 대한 신뢰 안에 살면서 — 가난한 가치들 — 사람들이 '상처받은 어린 시절의 순진무구함, 가난함의 신비에 의해 신성하다는 것'을 발견합니다. 우리는 사람들 안에서, '무엇보다도 그 눈물과 고통으로 이 얼굴이 더욱 투명해질 때' 바로 그리스도의 얼굴을 봅니다. 그래서 사람이 사람의 희생물이 되지 않도록 우리 삶까지 기꺼이 내놓으려 하는 것입니다."

1970년 부활절, 젊은이들과 함께하는 떼제의 여정에 새로운 이정표가 놓여졌다. 1950년대 말부터 젊은이들이 방문하기 시작하여, 이들을 맞이할 집이 이웃 마을에 세워졌었다. 그런데, 머지않아 이게 너무 멀다고 여겨져, 봉사 캠프의 노력 덕택에, 단순소박한 숙박시설이 서서히 떼제의 언덕 위에 세워지기 시작했다. 1966년 9월초, 처음으로 대규모 국제 젊은이 모임이 열렸다. 베아 추기경을 비롯한 장년층도 초대되었다. 수사들은 연령에 관계없이 많은 사람이 모일 거라고 예상했지만 실제로는 그렇지 않았다. 1968년까지 방문자들은 대부분 열여덟 살에서 스물다섯 살 사이였다. 사람들은 사시사철 찾아왔다. 여름 내내 "믿는다는 것"이라는 일반적인 주제를 두고 모임들이 연속해서 열렸다. 그해는 엄청난 사건들이 여기저기 터진 숙명의 해였다. 멕시코 시티의 "세 문화 광장"에서의 총격 사건, 프랑스의 학생 데모들과 5월의 총파업, 그런가 하면 떼제에 머물던 체코 젊은이들은 어느 여름날 오후 러시아 탱크가 프라하에 진주했다는 소식을 들어야 했다. 미국에서는 마르틴 루터 킹과 로버트 케네디가 암살당했고, 대학과 빈민가에는 폭력이 난무했다.

1969년은 어둠의 해였다. 비아프라에서는 대학살이 이루어지고 있었다. 체코는 유럽 양심의 뻥 뚫린 상처였다. 중동에서는 전쟁이 터지고 있었다. 많은 젊은이들이 전세계에 그렇게 널리 퍼져 있는 불의를 보고 속수무책으로 가만히 있을 수 없었다. 그들은 자신들의 삶에 영향을 미치는 결정에 참여하기를 갈망했다. 그리고 대화를, 자신들의 재능이 옳게 사용되기를 갈망했다.

1970년 부활절, 여러 젊은이들이 말을 마치고 나자, 로제 수사가 마이크를 잡고 말했다. "방금 들은 메시지를 끝까지 살아내기 위한 방법을 하나 제안하고자 합니다. 우리는 젊은이 공의회를 열 것입니다." 프랑스어로 꽁실concile은 전세계 교회가 모이는 극히 드문 행사를 말한다. 그날은 아무도, 로제 수사마저도, 젊은이 공의회가 무언지, 어떻게 될 것인지 정의하지 못했다. 그렇지만 의도는 분명했으니 얼마간 함께 지내면서 부활의 신비를 우리 시대 우리가 사는 곳에서 실현할 수 있는 방법들을 찾아보자는 것이었다. 1970년에 예고되고 1974년 8월에 열린 젊은이 공의회는 "오늘날 떼제 공동체가 세상의 많은 사람들과 함께 벌이고 있는 범세계적 신뢰의 순례"의 씨앗을 심었다. 1979년부터 나중에 계기가 생길 때 다시 채택할 여지는 남겨두면서 "젊은이 공의회"라는 이름은 접어두었다.

이 새로운 발걸음이 부활 주일에 시작되었다는 것은 정말 의미심장한 일이다. "떼제에서 항상 인상깊은 것은" 하고 볼리비아에서 온 사제가 말했다. "부활하신 그리스도께 대한 신앙에 역점을 두는 것입니다. 다시 말해 부활하신 그리스도가 치유의 원천이고, 우리의 절실한 물음에 대한 대답이며, 앞으로 나아가도록 새로운 길을 열어주시는 분이라는 것을 믿는 것입니다."

부활이 그렇게 강조되는 것은 엄청난 고통 가운데도 희망이 있다는 것 그리고 함께 새로운 미래를 만들어 낼 수 있다는 것을 상기시켜 주기 때문인 것 같다. 떼제에서 성주간을 보내고 난 프랑스 젊은이는 다음과 같이 적었다.

"'그리스도 부활하셨다. 알렐루야! 주 참으로 부활하셨도다. 알렐루야!' 떼제에서 이 노래를 얼마나 많이 불렀던가! 그 의미를 이렇게 깊이 이해한 적이 없었다. 그리스도께서는 부활하셨고 우리 각자 안에 살아 계시다.

떼제는 만남의 장소요 묵상의 장소다. 그리고 국적과 역사, 종교적 배경이 서로 다른 사람들이 형제적인 사랑에 대한 열망으로 일치된 곳이다. 그렇게 많은 가정이 찢어져 흩어지고, 그렇게 많은 나라와 종교가 분열되었는데도 화해와 일치를 위하여 기도하며 노력하는 곳이다.

나는 기도와 신앙을 열망하며 떼제에 갔다. 그리고 거기서 화해의 깊은 의미, 용서라 부르는 희망의 활력을 발견했다. 이제 이것들은 나에게 단순한 말 이상의 의미를 지닌다. 그것들은 평화와 이해 안에서 함께 살아가라고 하느님께서 주신 도구이다."

부활 신비의 중요성은 떼제 언덕에서만 느껴지는 게 아니라 다른 곳에도 전파된다. 예를 들어 유럽이나 다른 대륙에서 대집회가 열릴 때는, 준비작업의 일환으로 집회 참석자들과 나누기 위해 이미 존재하는 희망의 징표들을 발견하는 데 많은 시간을 할애한다. 이것은, 교회에서든 세상에서든, 부활의 징표는 그것을 알아볼 줄 아는 사람에게 분명히 존재한다는 것을 깨닫게 하는 방법이다.

예를 들어 북아메리카에서는 1983년 거기 사는 수사들이 순례를 시작하여 60개 이상의 도시를 돌면서 "부활 주말"을 인도했다. 수사들은 보통 여러 교회들의 공동 초대를 받았는데, 그리스도교 종파가 너무나 많아서 외국에서 오는 방문자들을 당황하게 만드는 그곳에서, 그 초대 자체가 희망의 표지, 기꺼이 화해를 추구한다는 표지가 되었다. 주말에는 "고통과 희망의 장소들"을 방문하였다. 이 장소는 지역 주민들이 찾고 선택한 곳으로서, 참여자들에게 인상깊은 체험이 되었다. 예를 들어, 아이오와의 작은 도시의 경우 그 일을 맡은 사람은 처음에는 그런 장소를 발견할 수 있을지 자신이 없다고 했는데, 얼마 동안 찾아본 결과 50개도 넘는 희망의 장소를 발견하였다. 필요한 것보다 많았다! 어떤 도시에서는 나이 지긋한 부인의 집이 채택되었는데, 거기에는 그 부인이 그 도시의 "알려지지 않은 영웅"들의 초상을 그려 전시한 화랑이 있었다. 퀘벡 동부의 레스티구쉬 마을의 믹맥 인디

언 보호구역에 방문했던 일은 특히 기억할 만하다. 교회는 기도하는 사람들로 꽉 들어찼는데, 가까운 뉴 브런스윅에서 백인들도 많이 왔다. 기도를 마친 후에 원주민들이 사람들을 모두 초대하여 소규모의 축제를 열었는데 그때 어린이들이 전통춤을 추었다. 이렇게 원주민과 백인이 함께 모여 저녁을 보내는 것은 극히 드문 일로서 그 자체가 "일종의 기적"이라고 누군가가 말해주었다.

떼제에서는 각자 내적으로 살아오던 파스카 신비를 금, 토, 일 3일 동안의 공동기도 안에서 경축하면서 일주일을 끝맺는다. 금요일 저녁에는 동방교회의 전통을 따라서 십자가 이콘 주위에 모여 기도하는데, 그것은 각자의 짐을 그리스도 앞에 내려놓는 기회도 되고, 고통받는 사람들, 특히 양심수들과의 연대의 상징도 된다. 그리고 원하는 사람들은 자신과 다른 사람들에게 상처 주는 것을 모두 그리스도께 맡긴다는 표시로 이마를 십자가에 갖다 댈 수 있다. 이 기도는 떼제 밖에서도 채택되어 세계 각지의 교회와 공동체에 널리 퍼졌다.

토요일 저녁, 사람들은 촛불 예식과 철야기도를 하며 부활을 고대한다. 각 사람은 작은 초를 손에 들고 부활 노래에 맞추어 복음이 낭독되는 동안 하나씩 돌아가며 불을 밝힌다. 그것은 자기 삶에 그리스도의 빛을 맞이하고 교회와 함께 "세상의 빛"이 되라는 소명을 경축하는 축제다.

부활절인 주일 아침 성찬례를 거행하면서 떼제에서의 한 주일은 끝을 맺는다. 이렇게 말씀 안에서, 그리고 쪼개지고 나누어진 빵 안에서 모습을 드러내시는 부활하신 그리스도는 그 제자들을 세상 끝까지 보내신다.

금요일 저녁. "십자가 주위에서 드리는 기도"

지난 몇 년 동안, 떼제에 있는 것과 같은 십자가 이콘과 부활 이
콘이 전세계를 두루 여행하였다. 어느 한 지방이나 도시, 구역에
서 십자가 이콘이 공동체에서 가정으로, 가정에서 기도 모임으
로, 기도 모임에서 감옥으로 … 돌아다닌다. 그러고 나서 또 다
른 지역으로 옮겨진다. 이는 파스카의 신비를 일상생활에서 살아
가고자 하는 사람들 사이에 구체적이고 가시적인 유대를 맺는 방
편으로 자발적으로 시작된 것이다. 그리스도가 순례자가 되어 그
모든 사람을 다양성 안에서 일치시키신다. "그분은 풍족한 창의
력과 용기를 주시어, 화해의 길을 열게 해주실 것이다."

　이 십자가의 순례를 통하여 놀라운 발견을 할 때가 있다. 헝가
리에서 이콘이 계획된 여정을 따르지 않고 갑자기 사라졌다. 사
람들은 그것이 어디론가 사라졌다고 생각하고 있는데, 갑자기 다

시 나타났다. 자연스럽게 이 마을에서 저 마을로 옮겨다니다 온 것이다. 마닐라에서는 사형수가 여럿 수감된 감옥에 오랫 동안 머물러 있었다. 다음은 아이티에서 온 소식이다.

"뽀르또프랭스에서 십자가 주위에서 기도하기 위해 2백5십 명에서 3백 명 정도가 모여들었습니다. 그것은 심금을 울리는 체험이었습니다. 견디기 어려운 고통을 겪고 있는 사람들이 그저 하느님 품안에 자신을 내던지러 왔습니다. 많은 사람들이 떼제의 돌림노래를 좋아했으며, 우리는 그 중 몇 곡을 크레올어로 불렀습니다. 십자가의 순례는 뽀르또프랭스에서 15일 동안 계속된 다음 캅아이시안을 거쳐 도미니카 공화국으로 갈 것입니다. 거기서는 주말마다 세 교회가 각각 성찬례나 기도를 하기 위해 십자가를 맞이하게 됩니다."

북아일랜드에서 온 소식: "파리에서 있을 모임을 준비하기 위해서 우리는 두 대성당 — 가톨릭과 개신교 — 에서 번갈아가며 기도 모임을 가졌다. 가톨릭 주교와 성공회 주교가 우리 기도에 참여하였다. 그리고 젊은이들이 십자가를 지고 이 교회에서 저 교회로 순례하였다. 여기 우리 나라의 그렇게 어려운 상황 속에서 성 바울로의 말씀이 구체적이고 생기있게 와닿았다. '실로 그리스도는 우리의 평화이십니다. 그분은 두 편을 하나로 만드시고 장벽 곧 적개심을 없애셨습니다'"(에페 2.14).

홍콩에서 온 소식: "홍콩의 어느 교회에서 십자가 이콘의 중국 순례가 시작되었다. 십자가는 월요일부터 매일 이집 저집으로 돌아다니며 가정에서 기도할 수 있는 기회를 마련해 주었는데, 한 건물에 사는 사람들을 초대해서 함께 기도할 때도 있었다. 이렇

게 돌던 십자가는 금요일에는 교회로 되돌아갔다. 그리고 얼마 후에는 다른 교회로 옮겨졌다.

어느 날, 우리는 순례에 참가한 사람들을 모두 공동기도에 초대했다. 서로 교파가 다른 젊은이들과 떼제에서 온 편지를 묵상한 후 십자가 주위에 모여 기도했다. 그리고 부활에 대한 복음을 읽었다. 20명쯤 되는 젊은이들이 성당에서 철야기도를 했다. 초저녁에 십자가 발치에 상자를 하나 놓고, 모든 사람이 기도 지향을 써서 그 안에 집어넣게 하고, 그 다음날 그 지향을 홍콩과 마카오에 있는 환자·노인들·관상 수도회에 보냈다. 공동기도에 오지 못한 사람들도 이런 식으로 참여할 수 있게 한 것이다.

어떤 사람이 가족을 방문하러 중국 본토에 가면서 십자가 이콘도 가지고 가서 고향 마을에 그 순례의 의미를 설명해 주었다. 그리하여 그 십자가 이콘은 지금 이집 저집으로 순례하고 있다.”

북아메리카 순례의 일환으로, 수사들은 수인들과 기도하기 위해서 십자가 이콘을 여러 교도소로 가지고 갔다. 캘리포니아에서는 산 쿠엔틴에 있는 경비가 삼엄한 감옥과 배커빌에 있는 주립병원도 방문했다. 1989년, 텍사스에 있는 리오 그랜드 골짜기를 방문하는 동안, 그들은 이민 서류가 없어 자기 나라로 되돌려보내지는 난민들을 수용하기 위해 멕시코 국경 근처에 세워진 수용소에 십자가를 가지고 갔다. 이 지역의 교회들은, 자신과 가족들의 생존과 미래를 찾아서 리오 그랜드 강을 건너는 사람들을 맞이해 주는 훌륭한 일을 하고 있었다.

수사들은 수용소 마당에 십자가를 모시고 즉석에서 짧은 기도를 드리는 자리를 마련했다. 처음에는 여성 수용자들과, 그 다음에는 남성들과 함께했다. 말이 별로 필요없었는데, 그 이유는 사람들이 기도의 의미와 그 기도가 자기들 상황과 관계 있다는 것을 즉시 이해했기 때문이다. 그들은 풀밭이나 콘크리트 바닥에 무릎을 꿇고 이콘 주위에 오랫동안 머물러 있었다.

본당 그리고 그 신자들과 함께

떼제는 십자가의 순례를 통해, 떼제를 중심으로 어떤 운동을 창도하는 데 관심이 있지 않고 전세계 하느님 백성들 모두와 함께 추구한다는 사실이 명백해졌다. "교회일치가 당신의 열렬한 관심사가 되도록 하십시오." 규칙에서 나온 이 말은 떼제 삶의 핵심이 되어왔다. 우리는 1960년대 이래 교회에 항상 깊은 관심이 있다고 볼 수 없는 젊은이들을 맞이하는 일이 공동체의 에너지를 점점 더 요구하기 시작했다는 사실을 알았다. 그리하여 교회일치에 대한 수사들의 열정이 일시적으로 사라지리라고 생각할 수도 있었는데 정반대의 일이 벌어졌다. 떼제에 오는 젊은이들은 자기 삶에 대한 대답을 발견하고 "옳지 못하다고" 여겨지는 것을 비판적으로 바라보는 데만 관심이 있는 것이 아니라, 흔히 무의식적이나마, 깊은 교제communication에 대한 갈망을 품고 있었다. 이를 그리스도교 용어로 표현하자면 친교communion를 의미한다. 수사들이 할 일은, 이 친교의 갈망에 부응하여, 같은 의견을 가진 사람들의 소그룹을 만드는 데 그치지 않고, 전체교회의 광대한 일치로 흘러들어 거기서 쇄신에 꼭 필요한 힘이 되는 것이다.

1970년, 연대나 신뢰보다는 반항과 폭동이라는 말이 더 자주 들리는 이 시기에, 떼제의 부활절 메시지는 "교회"라는 주제를 채택했다. 그리고 "젊은이 공의회"라는 표현은 함께 추구하는 일이 교회의 행사로 간주됨을 시사했다. 그 다음해부터는 많은 젊은이들을 유럽 각지와 다른 대륙으로 파견하여 개인들과 집단들을 연결하고 특히 세계에서 가장 가난한 지역에서 아주 다른 미래의 씨앗, 교회의 봄소식이라는 씨앗을 발견하도록 하였다.

이런 방문들을 통하여, "교회가 된다는 것"이 무엇을 의미하는지 발견할 때가 많다. 다음 편지는 프랑스의 법학도 베로니끄가 캐나다를 여행하면서 체험한 것을 적은 글이다. "나는 지금 퀘벡에 일주일 이상 머물고 있다. 하루하루가 새로운 방문과 모임 그리고 놀라움의 연속이다. 나는 다른 사람에 의해서 앞으로 나아간다고 느끼는데, 그 이유는 그 많은 사람들이 다 나를 위해서 기도하고 있기 때문이라 생각한다. 그리고 내가 만나는 사람들은 내가 왜 여기에 왔는지 파악하는 데 나름대로 도움을 준다. 고국을 떠나기 전에는 아주 자신이 없었다는 것을 인정해야겠다! 방문은 아주 단순하게 이루어진다. 미지의 친구들을 만나는 기쁨, 함께 기도하고 경축하는 기쁨으로 차 있다. 나는 교회 구성원들이 아주 많고 다양하다는 것, 그리고 이 다양성이 기쁨의 원천이 된다는 것을 아주 구체적으로 배우고 있다. … 나는 결국 교회에 대한 사랑을 배우고 있는 것 같다."

젊은 사람들이 교회를 발견하고 사랑한다는 것은 그리 쉬운 일이 아니다. 떼제에서 일주일을 지내고 난 후 집에 돌아가서 어떻게 계속해야 할지 묵상할 때 그것은 정말 도전이 된다.

한 주간이 끝날 무렵 나라별 모임이 이루어진다. 그날 아침 성서 묵상이 끝날 때, 수사 한 사람이 어느 나라가 어디 모일지 알려준다. 스페인 사람은 큰 텐트 아래, 아프리카인은 교회 앞, 폴란드 사람은 "노란 집" …. 이 모임에서는 새로운 것을 시작하기보다 교회에 이미 존재하는 여러 측면과 떼제 모임 참가자들을 연결하는 데 중점을 둔다. 반죽 속의 누룩이 됨으로써 교회쇄신에 기여하도록 말이다. 그래서 지역 본당과 교회가 거듭 강조된다. 왜냐하면 그곳은 다양한 신자들이 서로를 선택하지 않고 모이며 모든 세대가 있어 연속성을 보여주는 곳이기 때문이다.

떼제는 1970년대부터 지역교회의 중요성을 말하기 시작했다. 그때 많은 사람들이 수도원 성향의 공동체가 이런 방향을 취하는 것을 보고 매우 의외라는 반응을 보였다. 그런데 나중에 젊은이들의 유럽 모임을 시작할 때 지역교회들은 그 준비작업에 지대한 역할을 하였다. 참가자들에게 숙박시설을 제공하기도 하고, 더 중요하게는 유럽 전역의 많은 방문자들이 희망의 징표를 찾아내도록 부탁받는다. 유럽 모임 동안 참가자들은 하루나 이틀 아침 "희망의 장소들"을 방문한다. 본당 어머니들의 사회봉사 센터에서는 그 지역 빈민들이 일상적으로 필요로 하는 것들을 돌보아주었다. 세계 각지에서 자행되는 고문의 철폐를 위해 일하는 그룹, 젊은 매매춘 여성들과 함께 일하는 수녀회의 분원 등등도 있었다.

본당들과 큰 교회들에 관심을 가진다고 해서 흔히 자생적으로 생겨나는 소공동체들을 소홀히한다는 의미는 아니다. 다른 영역에서와 마찬가지로, 떼제는 서로 상반되는 것처럼 보이지만 사실상 보완되어야 하는 것들을 결합시키는 일을 하였다. 이 점에서 남반구 대륙에서의 예가 도움이 되었다. 아이티 출신의 피에르는 로마에서 신학을 공부하고 있는데, 지난 몇 년 동안 떼제에서 휴가를 지내곤 했다. 그는 작은 "기초교회 공동체"가 자기 나라 교회에서는 아주 중요하다는 사실을 말해주었다. "이 공동체들은 마을 생활을 책임집니다. 그것은 세 명에서 열 명으로 이루어지는데, 일주일에 한 번씩 각 가정에서 모입니다. 그들은 하느님의 말씀을 묵상하고, 그것이 우리 매일의 삶에서 어떤 도전이 되는지 봅니다. 그리고 함께 기도하며 그 지역의 기쁨과 고통을 나눕니다. 이렇게 해서 사람들은 신앙이 삶과 유리된 것이 아니라, 실망하지 않고 다른 사람들의 고통을 함께 나누고 가난한 사람들과 연대 안에서 살아가도록 도와 준다는 것을 알게 됩니다."

1985년의 마드라스에서 온 편지에는 "소공동체에 보내는 편지"가 포함되어 있는데, 그것은 가정들까지 포함한 이 소공동체들과 전체 본당과의 관계에 대해 말하고 있다.

"소공동체가 전체 지역교회 공동체에 뿌리박고 있다면, 그것은 모험을 감행할 수 있고 절망으로 인한 무력감에서 벗어날 수 있습니다. 세 명에서 열 명 사이의 아주 소수가 모였더라도, 온 인류를 향해 나가도록 우리를 함께 모으시는 그리스도의 살아 있는 표지가 되는 데 충분합니다.

교회는 우리 각자가 사는 곳에서 시작되는 비길 데 없는 친교의 공동체입니다. 모든 가정은, 단칸방이라도, '가정교회'가 될 수 있습니다. 그렇지만 개인으로든 집단으로든, 자체 유지에만 관심을 국한시킨다면 또 다른 분열을 낳게 됩니다. 자기 집을 가정교회로 만든다는 것은 신자들의 지역 공동체에 언제라도 기꺼이 합류한다는 것을 내포합니다. 그렇지 않으면 교회는 사회의 누룩이요 영혼이라는 보편성의 숨결을 상실할 것입니다.

만일 잠정적인 소공동체들이 적어도 일주일에 한 번 지역교회 공동체의 기도에 합류한다면, 노인들과 어린이를 포함한 모든 세대가 함께 모여 의식을 거행함으로써 보편적인 친교를 함께 느끼는 데 도움이 됩니다. 소박한 찬미기도는 무엇보다도 노래로 부를 때 큰 아름다움을 드러냅니다.

본당이라는 지역교회 공동체가 다양한 소공동체들에게 할 일이나 책임을 제안하거나 맡긴다면, 그때는 활동의 다양성이 표현될 것입니다. 다른 공동체를 방문하라는 제안을 받는 사람도 있을 것이고, 아주 가난하고 소외된 사람들, 가정이 깨져서 고통받는 어린이들, 문화적인 소수민들, 미래가 불안정한 실직자들을 돌보라는 요청을 받는 사람들도 있을 것입니다. 신앙의 일치를 추구하는 데 자극이 된다면 다양성은 건설적일 수 있습니다."

서베를린에 살고 있는 세 젊은 여성들이 다음과 같은 편지를 보내왔는데, 이는 이런 요청에 대한 구체적인 응답이다.

"우리 세 사람은 노동자들이 사는 지역에서 함께 살고 있습니다. 부유해 보이는 거리가 있는가 하면 터키 사람들로 가득 메워진 곳도 있습니다. 우리 중에는 어린이들과 함께 일하는 사람도 있는데, 이 일을 통해 우리는 이 지역의 가정 환경을 많이 알 수 있습니다. 결손가정 어린이들이 아주 많습니다! 독일인과 외국 노동자들과 한 공장에서의 연결작업대에서 잠시 일한 사람도 있는데, 그로 인해 우리는 작업과 생산 현장마다 얼마나 많은 적대감과 공격성 그리고 무관심이 서려 있는지를 알게 되었습니다.

우리는 처음부터 지역 본당과 접촉하는 길을 모색했는데 그것은 그다지 어려운 일이 아니었습니다. 여기서는 나이 많은 사람

들만 교회에 나오는데 우리는 젊습니다. 그렇기 때문에 우리가 미사 등 본당 모임에 참여한다는 사실만으로도 사람들의 눈길을 끌기에 충분합니다. 본당신부님과 처음 만나 대화를 하고 헤어질 무렵 그분은 말씀하셨습니다. ‘와서 우리와 함께 삽시다. 그러면 나머지는 모두 자연스럽게 이루어질 것입니다.’ 사람들의 삶을 단순히 나누는 것, 그것이 바로 우리가 원했던 바입니다.”

이제, 수사들이 말하기 전에 먼저 행동하고 다른 사람들에게 제안하는 것을 자신들이 실천했음을 분명히 해야겠다. 그리하여 1978년, 로제 수사와 20명 정도의 수사들이 이탈리아 남부 바리라는 도시에서 가장 오래된 지역인 “바리 베키아”의 작은 본당에 잠시 가서 머물렀다. 본당에는 할머니 몇 사람과 중년 여성 두세 명과 남자 한 사람밖에 없었는데, 그는 20년 동안 아무도 살지 않아 폐허가 된 방에서 수사들의 살림살이를 도와 주었다. 수사들은 길가 청소부를 도와 주었는데, 이는 마을 사람들과 사귀는 데 큰 도움이 되었다. 떼제에서와 마찬가지로, 수사들은 공동기도를 하기 위해 하루에 세 번 성당에 모였다. 그리고 할머니들과 함께 모여 묵주기도도 했다. 시간이 지나면서 성당은 메워지기 시작했고, 저녁에는 발들여놓을 틈도 없이 꽉 들어찰 때도 있었다. 저녁기도를 하고 난 후에는 거기 모인 사람들을 간단한 식사에 초대했는데, 사람들의 수가 너무 많아서 국수 약간과 빵 한 조각 그리고 사과 한 조각으로 만족해야 할 때도 많았다!

수사들이 본당을 떠나고 나서도 마을 젊은이들은 저녁마다 기도 모임을 계속해 나가기로 했다. 그들 중에는 어부, 노동자, 실업자도 있었다. 10년이 지난 오늘날에도 그 기도 모임은 계속되

고 있다! 거기에는 묵주기도와 젊은이들이 이끄는 묵상 노래가 같이 포함되어 있다. 이런 모임을 통하여 젊은이들은 "기초교회 공동체"를 조직하게 되었고, 가난한 사람들과 함께 나누고 다른 공동체들을 방문하는 등 많은 일들을 주도하게 되었다.

1989년, 미국의 수사들은 위스콘신 주 밀워키 빈민가에서 10개월간 아프리카계 미국인 본당에 함께 살면서 비슷한 체험을 했다.

"'세인트 갈'은 가난한 본당으로서, 사제 한 분과 대부분이 여성인 소수의 본당 신자들이 모든 것을 꾸려나가고 있었습니다. 이곳 신자들은 지난 20년 동안, 생활 능력이 없는 사람 2백 명에게 일주일에 네 번씩 저녁식사를 제공해 주었습니다. 대부분은 본당 신자들이 아니지만 자기도 모르는 사이에 본당생활의 일부가 되어갔습니다. 또 이 본당에서는 '학습 센터'를 만들어 성인들에게 읽고 쓰는 것을 가르쳐 주었습니다. 다른 본당에서 온 자원교사들이 그들과 함께 일했습니다. 벽이 조금씩 허물어져 가고 사람들 사이에 신뢰가 회복되었습니다.

10주 동안 우리는 하루에 세 차례 교회에 모여 기도했습니다. 우리 묵상기도 방식이 아주 다른 전통과 관습을 가진 사람들에게 받아들여질 수 있을지 확신이 없었는데, 신뢰가 두터워짐에 따라 함께 나아갈 수 있는 길이 눈에 보이게 되었습니다. 어느 날 매일 기도에 오던 어떤 부인이 말했습니다. '이 평화로운 기도와 침묵을 통해, 하느님이 사랑으로, 오직 사랑으로 나를 바라보신다는 것을 깨닫게 되었습니다. 나는 피곤하거나 화날 때, 내가 돌보는 사람들 안에서 하느님의 얼굴을 볼 수 있습니다. 하느님께서 나를 바라보시는 눈길 덕분이지요.'

성령강림절에는 우리가 함께 발견한 것을 경축했습니다. 다른 교회와 이웃 사람들도 초대했습니다. 금요일 저녁에는 십자가 주위에서 기도를 했고, 토요일 아침에는 루터교 교회에서 만나 기도하고 성서의 참된 행복에 관해 묵상을 함께했습니다. 오후에는 세인트 갈 성당에 모였는데, 빈민가 교회의 성가대들 덕분에 우리는 아프리카계 미국인들이 그렇게 중요시하는 찬양의 기도에 푹 잠길 수 있었습니다.

젊은이 한 사람과 어떤 어머니가 참된 행복에 대해 이야기를 들려주었습니다. 매일 저녁 가난한 사람들에게 음식을 제공하던 그 장소에서 축제 음식을 나누고, 부활과 성령에 대한 아름다운 기도를 드리는 것을 끝으로 주말 모임은 막을 내렸습니다. 모르는 사이에 또 재원이 풍부하지도 않은 상태에서 이 본당은 모든 사람들의 친교를 위한 장소로서 교회의 깊은 실재를 이미 살아가고 있었던 것입니다."

신뢰의 순례

1982년 12월 레바논, 로제 수사는 전쟁이 할퀴고 간 이 나라에서 크리스마스를 보내기 위해서 베이루트에 머물고 있었다. 떼제와 레바논은 전에도 여러 번 접촉을 해왔다. 로제 수사가 여러 번 초대받기도 하고, 최근에는 레바논 젊은이가 떼제로 희망의 순례를 오기도 한 것이다.

이 무렵 떼제 창설자의 마음을 사로잡고 있는 문제가 하나 있었다. 3년 전 젊은이 공의회가 잠정적으로 중단되었다. 떼제에 모여드는 젊은이들이 늘어가면서 젊은이 공의회가 공동체에 부속된 "운동"이 될지도 모른다고 여겼기 때문이다. 그런 경우에는 표현에 관한 문제는 잠시 미루어두고 나중에 다시 거론하는 것이 나을 것이다. 그렇지만 지금 이 시간, 전세계의 수많은 젊은이들에게 우리 시대 상황에서 평화와 화해, 그리고 신뢰와 나눔의 전달자가 되라고 격려하기 위해 제안할 수 있는 것은 무엇인가?

며칠 후 로제 수사는 레바논 언론과의 만남에서 전세계적인 화해의 순례를 시작하겠다고 발표했다. 나중에 "지상에서 신뢰의 순례"라고 불리는 이 순례는 여러 해 동안 지속되었는데, 세계의 많은 젊은이들이 이에 참여했다. 1980년, 로제 수사는 그해 지진으로 황폐해진 이탈리아 남부에 머물면서 쓴 편지에서 "화해의 순례"를 시작할 것을 촉구한 바 있다. 그리고 사람들 사이의 벽을 허물고, 죽으시고 부활하신 그리스도를 함께 경축하기 위해서 개인과 집단 그리고 본당과 신자들을 방문하라고 여러 해 동안 젊은이들을 파견하였다. 수사들은 오랫동안 순례자로서 여행해 왔고, 떼제 이외의 장소에서 구성된 모임들은 모두 순례라고 불러왔다. 이 모든 소규모 순례들은 큰 강으로 흘러드는 기도와 일치의 개울물과도 같았다. 여러 나라에서 잠시잠시 머물며 이루어진 전세계에 걸친 신뢰의 순례인 것이다.

신뢰의 순례가 공개적으로 알려진 것은 1982년 레바논에서이지만, 사실은 그 전부터 시작되어 진행되고 있었다. 다시 한번 삶이 말에 선행한 것이다. 이제 그것은 사람과 사람, 집단과 집단, 인종과 종교 사이의 대립을 극복하고, 나눔과 화해의 징표를 만드는 데 앞장서라고 자극을 줄 것이다. 젊은이들의 투신을 바탕으로 하는 것은 사실이지만, 어른들 심지어는 어린이들도 결코 제외되지 않는다. 집을 떠나 여행하는 방법으로 순례하는 사람도 있지만, 자기가 사는 지역 상황 안에서 다른 사람들과 더불어 평화와 희망의 표지를 이룩하며 보이지 않게 순례에 참가하는 사람도 많다. 이따금씩 대집회도 있다. 유럽의 대도시에서 기도 예식, 해마다 연말에 열리는 유럽 집회, 헝가리에서 열리는 동서 만남, 인도 전역과 45개 국가에서 젊은이들을 불러모으던 두 번에 걸친 마드라스 모임, 여름 내내 떼제에서 일주일간 열리는 대륙간 모임. 이 신뢰의 순례로 로제 수사는 1985년 유엔 사무총장 자비에르 페레즈 드 쿠엘라를 만나서 평화와 군축에 대한 젊은이들의 열망을 표현하는 여섯 가지 질문들을 전달할 수 있었다.

내적인 여행과 외적인 여행

"지상에서 신뢰의 순례"는 여러 차원에서 동시에 이루어졌는데, 이들 중 가장 중요한 것은 가장 개인적인 것이다. 1978년, 칠레의 가난한 사람들 사이에 머무는 동안 쓴 『순례의 여정』에서, 로제 수사는 "일생에 거쳐 지속되는 순례"의 중요성에 대해 이야기한다. 용서와 화해의 삶을 살아가는 데 필요한 힘을 얻기 위해 신앙의 원천으로 끊임없이 돌아오는 것, "벽이 허물어지고 자유의 공간이 열리는 것을 보기 위해 그리스도와 함께 우리 자신의 감옥을 방문하는 것"이 바로 그 내적인 순례다. 이렇게 그리스도 안에 인격적으로 뿌리박지 않으면, 다른 사람을 위해서 항구하게 삶을 바친다는 것은 기대할 수 없을 것이다. 떼제는 이에 대해 사십 년 동안 역설해 왔다.

떼제에서 일주일을 지내면서 함께 기도하고, 나누고, 묵상하는 것은 많은 사람들에게 이 내적인 순례를 발견하고 키워나가는 방법이 된다. 그리고 로제 수사가 매년 쓰는 공개편지도 개인적인 여정에 중요한 참고사항을 전해주려는 의도에서다. 예를 들어 『순례의 여정』에서는 다음과 같은 지침들을 전해준다. 하느님과 함께 매순간을 경축하라, 화해한 마음으로 투쟁하라, 단순한 생활로 그리스도를 동반하라. 로제 수사는 이 편지들을 씀으로써 내적으로 갈등을 겪는 젊은이들이나 하느님과 자기 자신에 대한 의심에 빠진 이들, 그러면서도 자신의 삶을 바치는 근거와 힘을 발견하고자 하는 사람들과 대화하기를 원한다.

이 내적인 순례부터 시작하여, 먼 곳에서도 가까운 곳에서도 평화와 화해를 도모하는 방법을 찾을 수 있다. 떼제와 그의 지역에서 열리는 모임에 참가하는 사람들은 이 영역을 발견하는 데 도움 되는 질문들을 성찰한다. 내 주위에서 화해의 표지를 만들어 낼 수 있는 방안은 무엇인가? 지역 공동체나 세상에서, 긴장 안에서도 평화를 도모할 수 있는 방안은 무엇인가? 그리스도인과 비그리스도인, 젊은이와 노인, 인종과 문화의 차이 등 차별과 편견을 넘어 서로 방문하고 환영하면서 만남을 이룰 수 있는 방안은 무엇인가? 사람에서 사람으로, 집단에서 집단으로, 한 교회에서 다른 교회로 작은 순례를 할 수는 없는가? 가장 불운한 사람들과 연대를 맺을 수 있는 방법은 무엇인가? 쉽지 않은 문제다. 그렇지만 별로 가진 것 없이 빈손으로 떠나는 것 자체가 순례의 참뜻인지도 모른다.

다음 편지들을 보면 전세계의 젊은이들이 순례를 떠나라는 떼제의 부름에 응답하려고 애써 온 메아리를 들을 수 있다. 상황은 매우 다양하지만 발견한 것은 같다.

한국에서 온 편지: "목포는 우리 나라의 남단에 있는 중소도시다. 이 지역은 산업이 발달하지 않았기 때문에 주민들은 어업으로 생계를 꾸려가고 있다. 한국 사람들은 특별한 이유 없이 이 지역 사람들을 업신여기면서 멀리하는 경향이 있다. … 우리는 한여름의 더위와 폭풍우 속에 서울을 떠나 '화해의 날들'을 위해 목포로 갔다. 우리는 순례자들처럼 어떤 대우를 받게 될지 모른 채 집을 떠났다. 목포에서는 우리를 따뜻하게 맞아주었다. 우리는 매일 저녁 개신교 교회나 가톨릭의 성당에서 기도 모임을 가졌다. 개신교 신자가 가톨릭 성당에서 환영받고, 가톨릭 신자가 개신교 교회에서 환영받았다. 전에는 없던 일이었다.

김수환 추기경과 로제 수사
김 추기경의 초청으로 떼제의 형제들이 한국에 와서 살고 있다.

한국에서는 화해에 대해 이야기할 때 식민지 역사를 빼놓을 수 없다. 20세기초 한국은 일본 식민지가 되었다. 한국 말을 사용하지 못하던 시기도 있었다. 독립투사 중에는 그리스도인들도 있었고, 목포에서는 투쟁 과정에서 죽은 교회 지도자들도 있다. 이러한 현실이 우리 예식에 반영되었다. 일본인들도 몇 명 동참했기 때문이다. 우리는 함께 기도하고 노래하며 이야기를 나누었다. 우리 역사의 어두운 그림자가 사라졌다. '개인적인 만남을 통한 화해, 그것이 우리가 원하는 것이다' 하고 어떤 사람이 말했다. 그리고 한국인들의 너그러운 마음 덕분에 그것이 가능했다.

'예식 자체는 특별한 것이 아니었다. 그렇지만 기쁘게 기도하고 침묵하는 중에 우리는 함께 나아가는 발걸음을 내디뎠으며 전환점을 통과했다는 느낌을 가졌다.'"

독일 젊은이 두 사람이 몇몇 본당을 방문한 후에 다음과 같이 말했다. "이런 방문은 중요합니다. 사람들에게 말을 걸면서 그들이 이 순간을 오랫동안 기다려왔다는 것을 깨달았습니다. 그들은 이 방문이 새로운 힘과 자극을 주기를 바라고 있었습니다. 본당을 활성화하는 방안을 모색할 때 사람들은 당황하며 아무 대책도 생각해 내지 못했습니다. 틀에 박힌 양식들, 시대에 뒤떨어진 관습들 그리고 세대간의 갈등 등은 새로운 활력으로 이끄는 길을 처음부터 차단할 수도 있습니다. 동기가 확고하고 모험을 두려워하지 않는 사람, 다른 사람들을 밀어줄 수 있는 사람, 용기와 끈기를 가지고 벽을 뛰어넘을 수 있는 사람이 없다면 말입니다. 막상 그 상황 속에 사는 사람들은 이미 시작되었다는 것을 알지 못하는 경우가 많습니다. 그럴 때는 앞으로 나아가고 공동체의 삶에 기여할 수 있도록 격려하고 설명해 줄 필요가 있습니다."

방글라데시에서: "우리 순례는 많은 것을 조직하지 않는다. 사람들이 기대하는 것은 조직이 아니다. 찾아와 준 것만으로도 족하다. 우리는 기도를 마치고 참가자들의 집을 방문했다. 많은 어린이들이 우리와 함께 갔다. 사람들은 우리가 커다란 집회나 개발 프로그램을 준비하러 온 것이 아니라 그저 순례를 왔다는 사실을 금방 이해했다."

포르투갈에서: "우리 소그룹은 리스본 외곽 지대 빈민가를 매주 방문했다. 거기 주민들은 대부분 케이프버드(한때 포르투갈의 식민지였던 서아프리카의 섬) 출신이었다. 우리는 그들과 함께 머물고 귀기울이고 기도하기 위해서 갔다. 포르투갈 사람들은 케이프버드인들을 배척한다. 그들은 대가족을 이루어 살고, 건설 인부로 일하는 사

람이 많은데 다른 사람들보다 임금을 적게 받는 게 보통이다. 그 동네에는 하수도가 없고 전기나 수도 공급이 자주 끊긴다.

크리스마스 무렵 우리는 천사들이 목동들에게 나타나서 아기 예수가 태어났다는 것을 알리는 성서 이야기를 읽었다. 그들의 눈은 기쁨으로 빛났다. 그 목동들을 자기들과 동일시했기 때문이다. 그 목동들은 초라하고 사회에서 추방당한 사람들이었지만 기쁜 소식을 가장 먼저 접했던 것이다."

우간다에서: "우간다 서쪽 도시 마브라라에서, 우리는 '언덕에서 언덕으로 순례'를 하였다. 여기서는 가톨릭, 개신교, 회교 등 서로 다른 종교들이 각기 언덕을 하나씩 차지하고 주민들은 그것을 중심으로 생활하고 있었다. 서로 마주하고 있는 언덕에는 각기 대성당과 학교, 병원 등이 있고 그 주위에 사람들이 살고 있었다. 서로 만나고 도우며 지내던 시기가 있기는 했지만, 그게 정상이라기보다는 예외적인 현상이었다. 사실 그들이 서로 반목하는 것은 종교 때문이 아니라, 오랫동안 내려오던 인종적이고 정치적인 갈등이 종파간의 갈등과 나란히 하고 있는 것이다.

우리는 십자가 주위에서 여러 번 기도하면서 순례 준비를 하였다. 그날이 오자 어린이, 젊은이, 학생, 어른, 노인 수백 명이 시내 한가운데 모였다. 우리는 노래를 부르고 나서, 침묵중에 두 시간 거리에 있는 개신교 언덕 루하로를 향해 떠났다.

그 당시 우리가 '진복팔단의 언덕'이라고 이름지은 첫번째 언덕 꼭대기에 올라가 노래를 부르고 나서 진복팔단에 대해서 묵상하였다. 좀더 나아가니 회교 회당이 나왔다. 우리는 우리 신앙의 공동 아버지인 아브라함에게 하신 약속을 들었다. 성공회 언덕에 있는 대성당에 도착하자 주교님이 우리 모두를 맞아주었다. 모두가 노래하며 그분을 둘러쌌다. 열대 폭풍우 때문에 계속해서 한 시간 동안 노래를 하며 기다렸다.

가톨릭 언덕은 일직선으로 가면 반 시간밖에 걸리지 않는다. 그렇지만 두 언덕 사이에 강이 있기 때문에 두 시간 동안 걸어야 했다. 모두가 다리를 이용하지 않고 비를 맞으면서 진흙투성이 강을 건넜다. 성당을 향해 언덕을 오를 때는 화해의 열망을 표현하기 위해 내내 달려가는 사람도 있었다. 거기에서 기도를 계속하였다. 이미 밤이 되었다.

이 언덕들을 다시 잇고, 강으로 이루어진 자연적 경계선을 건너가는 우리 순례는 승자도 없고 패자도 없는 화해의 표지가 되었다."

멕시코로 가는 여행에서: "어떤 어린이들이 집 밖에서 대야에 들어앉아 씻고 있는데, 그 옆 쓰레기더미에서는 개가 냄새를 맡고 있었다. 어린 소녀 세 명이 이집 저집 떠돌아다니고 있다. 그 아이들의 엄마는 도망가 버리고 아버지는 알코올 중독자다. 판잣집 앞에는 전갈이 죽어 있다. 구역질나는 냄새가 코를 찌른다. 어린 소녀가 갓 태어난 남동생을 바라보고, 할머니는 아기를 안 아올리려고 한다. 짓밟히고 굴욕받는 고난의 세계다.

이 사막의 한가운데 장미가 피어나고 있다. 비키는 7년 전에 여기 왔다. 모든 사람을 알고 지내며 어린이들에게 종교를 가르치고 있다. 또한 영양사로서 어머니들에게 조언도 해준다. 비키는 혼자가 아니다. 우리는 주일마다 이 빈민가에 가는 젊은이들과 함께 비키를 방문했다.

젊은이 공의회 후 10여 년 동안 라틴아메리카에서 모임이 열 릴 때마다 여기 젊은이들은 집중적으로 질문하기 시작했다. 어떻 게 하면 무관심을 넘어 나아갈 수 있을까? 그러한 상황들을 변화 시키기 위해 투신할 수 있는 방안은 무엇인가? 많은 사람들이 이 미 일생을 바쳤고, 그러한 모임들을 원천으로서 돌아보고 있다.”

이탈리아에서: “우리는 이탈리아 작은 마을에서 이 편지를 쓰 고 있다. 우리는 3년 전 떼제에서 일주일을 보낸 적이 있는데, 그로 인해 우리 지역 젊은이들에게는 아주 새로운 길이 열렸다. 우리는 주위 마을에서 기도 예식을 주도하기 시작했다. 우리는 지도력과 신뢰가 필요한 상황에 더욱더 관심을 기울이고자 했다. 예를 들어 우리는 사제가 없는 이웃 본당을 돕고 있다. 매주 본 당간 기도 모임을 함께하는 한편, 토요일에는 그 본당에 가서 기 도를 주재하고 모든 연령층으로 구성된 모임을 이끌어간다.”

끝으로 이제 노벨상 수상자인 남아프리카 공화국의 데스몬드 투투 주교의 이야기를 들어보자: “지난해 세계 각지에서 온 5,000명의 젊은이들과 함께 떼제 화해의 교회에서 예배할 때 하 느님의 영감에 의한 비전이 나에게 내렸다고 믿는다. 모든 인종 을 포함한 남아프리카 젊은이들이 순례 와서, 남아프리카에서 인 종차별이 사라지기를 열망하며 예배하고, 웃고, 사랑하고, 불편 한 생활을 감내해 간다면 얼마나 좋을까? 나는 숫자까지 받았다. 묵시록 7장에서 축복받은 사람들 144,000명 중 144명.

그런데 이게 웬일인가? 정말 순례를 할 수 있게 된 것이다. 남 아프리카 공화국 여러 종족의 젊은이 몇이 예루살렘과 스위스를 방문하고 나서 떼제에 간 것이다. 그들은 거기서 훌륭한 대접을 받았다. 그들은 남아프리카 공화국 교회에 메시지를 보내고 또 우리 꿈을 실현하기 위해 일하겠다고 맹세한 다음에 돌아왔다."

연대를 형성하기

로제 수사 자신은 이 "전세계적인 신뢰의 순례"에 여러 방법으로 참가해 왔다. 그가 세계의 가난한 지역을 여행한다는 것은 이미 알려진 사실이다. 그는 젊은이 공의회가 열린 지 2년 후인 1976년, 각 대륙에서 온 젊은이들과 함께 가난한 지역에서 지내기 위해 캘커타와 방글라데시를 여행하였다. 1년 후 이러한 그룹이 홍콩 항구에 있는 낡은 선상가옥과 판잣집에 머물면서, 남지나해의 쓰레기더미 속에서 사는 가난한 사람들과 함께 지냈다. 로제 수사는 이러한 방문을 하고 난 후 모든 그리스도인들에게 나눔의 삶을 살자는 초대의 편지를 두 편 썼다. 그 이후로도 이러한 여행은 계속되었다. 마다르 벨리(케냐), 테무코(칠레), 심한 지진으로 타격받은 이탈리아 남부, 레바논, 아이티, 사하라 이남의 아프리카, 에티오피아 … 그리고 마드라스에서 대륙간 집회가 열리기 전에는 인도의 빈민 지역에서 지냈다.

로제 수사를 만나기 위해 마드라스에 온 인도 젊은이들은, 그가 그렇게 가난한 지역에 머물기로 한 것을 보고 놀랐다. 그들은 로제 수사를 찾아서 시내 호텔을 여기저기 돌아다녔지만 찾지를 못하다가 일간지 「더 힌두」의 기사를 읽고는 포기하였다. "눙감바캄 마을의 커티 거리는 마드라스의 다른 지역들처럼 빈민가다. 길가에 드러난 하수도, 모기들 … 비록 몇 주일 동안이기는 하지만 그렇게 유명한 사람이 이런 곳에 머물리라고는 상상도 못했을 것이다. 그렇지만 로제 수사는 거기 43번가에 있다. 그리고 거기서 행복해 보인다. 로제 수사는 말했다. '우리는 선교하기 위해서가 아니라 가난한 사람들의 삶을 나누기 위해 여기 왔다.'"

이 방문들은 일종의 비유라고 할 수 있다. 이런 방문을 통해 인간적인 관점에서 가난하고 소외된 사람들이 하느님에 의해서도 잊혀진 것이 아니라, 바로 그들이 자발적으로 실천하는 신뢰와 나눔의 가치를 통해 나머지 우리에게 앞으로 나아가는 길을 제시할 때가 많다고 강조한다. 1985년 7월, 로제 수사는 유엔 사무총장 자비에르 페레즈 드 쿠엘라를 모든 대륙에서 온 어린이들과 함께 방문했는데, 이 또한 비유가 될 수 있다. 로제 수사는 자신들의 미래에 닥쳐올 위협에 대해 아무런 의견도 표명하지 못하는 사람들을 위하여 이 발걸음을 내디딘 것이다. 그는 사무총장에게 유엔이 지구상 모든 사람들 사이에 신뢰를 창출하기를 바란다는 젊은이들의 희망을 표현한 여섯 가지 질문 목록을 건네주었다.

1986년 12월, 페레즈 드 쿠엘라는 로제 수사에게 다음과 같은 전보를 보냈다. "세계 평화의 해를 보내면서 당신은 수천 명의 젊은이들과 함께 런던에서 교회일치 모임을 엽니다. 나는 우리 유엔에서는 평화와 화해에 동참하고 기도하는 젊은이들로부터 힘을 얻는다는 사실을 알려드리고자 합니다."

떼제가 "제3세계"에 관심을 가진다고 해서 이른바 동유럽 국가인 "제2세계"에는 관심을 기울이지 않는다는 의미는 아니다. 로제 수사가 이곳을 처음 방문한 것은 이미 30년 전의 일이고, 크리스토프 수사가 동독을 방문한 것은 1962년의 일이다. 그때부터 아주 최근까지, 매우 신중하게 방문이 이어졌다. 최근 그 지

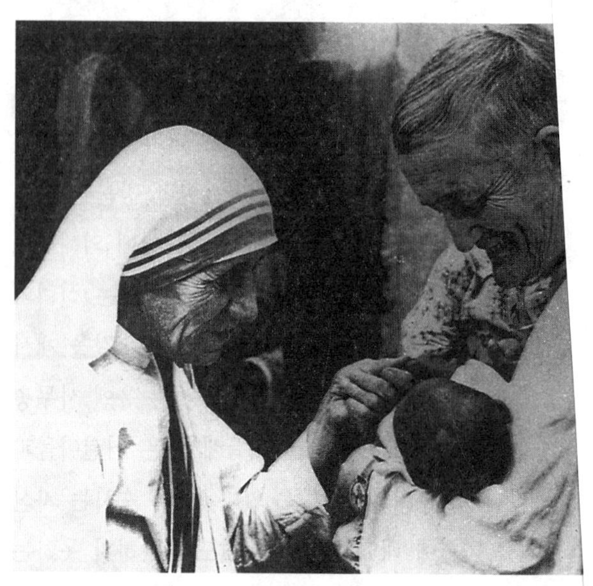

로제 수사는 여러 번 젊은이들에게 보내는 공개 편지를
가난한 지역에서 썼다. 캘커타(위)와 마닐라(아래)

역에서 일어난 엄청난 변혁의 결과로, 지금은 그동안 심어놓은 씨의 수확을 거두고 있다. 1990년 여름, 대륙간 모임을 위해 떼제 언덕에 모인 젊은이들 중에는 동유럽과 소련에서 온 젊은이들이 거의 반 정도 되었다.

1980년대 초, 서유럽에서 열렸던 모임과 성격이 같은 모임이 드레스덴, 라이프찌히, 에어푸르트, 슈베린, 마그데부르그 등 동독에서도 열렸다. 1986년 10월은 베를린 차례였다. 수천 명의 젊은이들이 가톨릭 대성당과 동베를린 중심가에 있는 마리엔키르헤라고 하는 루터교 교회를 가득 메웠다. 마이스너 추기경과 루터교 목사 포르크는 두 교회를 오고가는 로제 수사와 젊은이들과 함께했다. 다음날 로제 수사는 폴란드에 갔다. 6,000명의 젊은이들이 바르샤바의 교회에 모여 있었다. 그는 헝가리와 체코슬로바키아도 조심스럽게 방문하였다.

1987년 5월에는 새로운 발걸음이 있었다. 동유럽에서 집회가 열렸는데, 서유럽 젊은이들도 함께 모인 것이다. 이 최초의 동서 모임은 유고슬라비아 공화국의 하나인 슬로바니아의 수도 류블리야나에서 열렸다. 이 집회를 준비하는 데 60개 본당이 참가했는데, 몇 주 후에는 4,600명이 숙박할 수 있는 방을 구했다.

2년 후, 이같은 모임이 헝가리 남부 펙스에서 열렸다. 유럽 전역에서 20,000명이 참가했는데, 이는 펙스 인구의 10%에 해당하는 것으로서, 사람들의 눈길을 끌지 않을 수 없었다! 50개 마을이 환영하는 데 도움을 주었고, 여러 해 동안 불신이 지배하던 이 나라에 서로를 환대했던 인상깊은 경험이 웅변적인 표지가 되었다. 펙스 집회 4일 후에는 부다페스트의 성 스테파노 성당에서

가톨릭, 개신교, 루터교 주교들이 참석한 가운데 공동기도회가
열렸다.

1988년, 로제 수사는 모스크바의 총대주교로부터 러시아에 그
리스도교가 들어온 지 1,000년을 기념하는 행사에 참가해 달라
는 초대를 받았다. 러시아 교회 지도자들과의 대담에서 로제 수
사는 러시아아판 성서를 발간해 볼 것을 제안했다. 그리하여 "희
망작전"이 다시 활성화되어 1년 안에 러시아어판 신약성서가 모
스크바, 키에프, 레닌그라드와 민스크에 보내졌다.

1989년말에는 유럽 집회가 동유럽 지역인 폴란드 서부 브로클
로에서 열렸다. 펙스 집회에서 예고된 이 집회가 실제로 열릴 때
까지, 동유럽 여기저기서 엄청난 변화가 일어났는데, 이로 인해
집회의 면모가 바뀌기도 했다. 브로클로 이외의 지역에서 온
42,000명의 젊은이들, 대서양에서 우랄 산맥에 이르는 지역의
젊은이들이 여기 와서 5일 동안 머물렀다. 역 밖에는 "Solidar-
nosc welcomes Taizé"라는 커다란 현수막이 참가자들을 환영하
였다. 참가자들은 모두 민박을 했는데, 모두 들어가고도 방이 남
았다! 공동기도는 커다란 교회 일곱 채와 두 개의 스포츠 홀, 그
리고 네 개의 서커스 천막에서 동시에 이루어졌는데, 산업도시의
먼지로 덮인 거리에 유럽의 모든 언어들이 울려퍼졌다. 공동기도
를 하는 동안 로제 수사는 말했다. "요즈음 우리는 직관이 확인
되는 것을 보았습니다. 유럽은 신앙에서 오는 신뢰를 통해 건설
될 것입니다. 이는 불신과 두려움 그리고 폭력을 오랫동안 겪어
온 유럽에 아주 필요한 것입니다." 이것은 폴란드 수상 타데우즈
마조위키, 체코의 대통령 바클라브 하벨, 유엔 사무총장 페레즈

드 쿠엘라 그리고 교종 요한 바오로 2세의 친선 메시지로 확인되었다. 다음해의 유럽 집회는 프라하에서 열기로 하였다.

1985년, 유럽 집회는 상황은 아주 다르지만 화해와 친교의 표징이 이에 못지않게 중요한 곳인 아일랜드에서 열렸다. 집회 첫날 더블린의 커다란 교회 셋은 ― 로마 가톨릭 대성당, 아일랜드 교외의 고대 대성당 그리고 가난한 마을에 있는 제3의 교회 ― 5,000명의 참가자들로 가득 찼다. 한 교회에서 로제 수사가 연설을 하면 다른 교회에서도 동시에 들을 수 있었다. 아일랜드의 한 신문은 서로 종파가 다른 교회들이 이렇게 함께 모인 것은 처음이라고 언급했다.

북아일랜드의 젊은이 수백 명이 더블린에 왔다. 그들 중에는 가톨릭 신자로서 개신교 교회에 들어가거나 개신교 신자로서 가톨릭 교회에 처음 들어간 사람이 많았다. 가톨릭 대주교와 다른 종파 지도자들이 기도에 참여했다. 더블린 중심부에서 매일 기도하면서 여러 개월 동안 이 집회를 준비했는데, 많은 본당이 참석하여 참가자들이 집회 동안 방문할 수 있는 희망의 표지를 발견하는 데 도움을 주었다. "나는 우리 성당이 이렇게 꽉 찬 것을 처음 본다." 가톨릭 주교좌 성당의 한 사제가 말했다. "그렇지만 언론은 준비 과정에 대해서는 별로 언급하지 않았다."

유럽 집회

이제 "지상에서의 신뢰 순례"에 대해 말할 차례인데, 이에 대해서는 앞에서도 여러 번 언급한 바 있다. 해마다 연말에 열리는 유럽 집회 때에는 유럽 전역의 젊은이 수만 명이 며칠 동안 모인

다. 이 집회가 동유럽에서 열리기 전인 1978년에서 1988년까지
는 런던, 파리, 바르셀로나, 로마와 쾰른에서 열렸다.

유럽 집회는 특정 도시의 교회생활을 함께 나누는 것을 강조한
다. 참가자들은 4일이나 5일 동안 그 지역 그리스도인들과 함께
살고 의식에 참여하고 묵상하면서, 그 마을과 본당의 삶에 참여
한다. 첫날에는 밤늦게까지, 수천 명의 젊은 순례자들이 철도 역
과 지하철 역, 그리고 버스 정류장으로 몰려 본당에 도착한다.
로마 집회에서는, 20개 특별열차가 동시에 테르미니 역에 도착하
여 역은 갑자기 온갖 언어를 사용하는 남녀노소로 붐볐다. 런던
에서 「타임즈」는 제2차 세계대전 이후 가장 많은 사람이 영국 해
협을 건넌 밤으로 기록했다. 파리에서는, 날이 밝으면서 성당은
환영 센터가 되어, 침묵기도를 위해서 마련된 곳을 제외하고는
모두 꽉 들어찼다. 지하철 역에서는 표가 매진되었다!

그렇게 많은 사람을 동시에 맞이한다는 것은 그리 쉬운 일이
아니다. 런던에서는, 차들이 웨스트민스터 사원 앞에서 오도가도
못하게 되어, 온갖 인종의 승객들이 하차하여 언어에 따라 구분
된 환영 장소로 걸어가고 있었다. 환영 장소에 도착한 참가자들
은 여러 가능한 모임들에 대해 설명을 듣고 머물 장소를 안내받
는다. 사람들이 긴 여행에서 지쳐 있기 때문에, 이런 일들은 될
수 있으면 신속히 해야 했다. 런던에 온 5,000명의 스페인 젊은
이들은 3일 동안 여행해야 했고, 로마에 온 핀란드 사람들은 작
은 배를 갈아타고 수천 킬로미터를 여행해야 했다. 그리고 그 나
라 언어를 하나도 모르는 사람들도 많은데, 이야말로 처음부터
진정한 신뢰의 순례가 아닐 수 없다!

"우리는 이른 아침부터 일하기 시작했습니다." 환영 팀에 속해 있던 어떤 소녀가 말했다. "우리는 아직 어두울 때 환영 장소에 도착했는데, 이미 수백 명의 젊은이들이 문이 열리기를 기다리고 있었습니다. 그들은 밤새 여행했던 것입니다. 우리 환영팀은 백 명 정도로 이루어졌습니다. 그 중 50명은 전날 밤 표지판을 세우고, 방을 준비하고, 수천 명의 식사와 운송 티켓을 준비하느라 여러 시간 일해야 했습니다."

이런 일을 하기 위해서는 오랜 준비 기간이 필요하다. 집회 준비를 맡은 사람들은 부활절이 지나면서 선택된 도시의 이 본당 저 본당, 이 공동체 저 공동체를 다니며 책임맡은 사람과 대화하고, 본당 단체들과 만나고, 간단한 기도 예식을 함께한다. 도시 안에 연결망이 조금씩 조직되고, 각 본당에서는 순례자들을 민박할 가정들이 나타난다. 집회에 참석하기 위해 겨울 휴가를 포기한 사람들이 있는가 하면, 크리스마스 휴가를 다른 곳에서 보내면서 집 열쇠를 친구들에게 맡겨놓은 사람들도 있다.

각 본당에서는 환영을 맡을 그룹, 민박집을 조직할 그룹, 집회가 본당에 의미가 있는 것이 될 수 있는 방안을 모색하는 그룹, 참가할 사람들과 함께 나눌 희망의 표지들을 찾을 그룹 등이 형성된다. 이렇게 준비를 함으로써 젊은이들과 기성인, 서로 의견이 다른 사람들 사이의 갈등이 해소될 때가 많으며, 집회가 열릴 즈음에는 예상했던 것보다 나눌 게 많다는 사실을 발견하는 게 보통이다.

바르셀로나에서 온 그룹은 다음과 같이 썼다. "우리 시에서 유럽 집회를 준비한다는 것은, 우리가 순례의 정신으로 방문하는 사람들을 환영하는 데 도움이 되는 사람이 되는 것을 의미한다. 우리 그룹은 본당 내에 제법 오랫동안 존속해 왔다. 우리는 매주 기도하기 위해서 모인다. 그것은 우리가 우리 가족과 도시 그리고 교회 안에서 화해를 실현하기 위해 사용하는 행사이다. 우리는 집회를 열기 전 여러 달을 특별히 순례의 정신을 삶으로 살 수 있는 방법을 모색했다.

우리는 다른 나라에서 온 참가자들을 맞이할 가정을 방문하고 있다. 공동으로 추구하는 바를 격려하고 서로 안에 있는 하느님의 선물을 발견하기 위해서 우리는 매주 다른 집에서 기도 모임을 가진다. 이 가정들이 자기 집 문을 연다는 것은 내적인 변화를 의미하는데, 그렇게 함으로써 자기 마음 안에 신뢰의 씨앗을 심고 작은 환대의 징표를 이루고 함께 나누는 것이다.

도시 중심지에 있는 우리 마을에는 나름대로 문제가 있다. 엄청나게 높은 실직률은 희망을 파괴한다. 환멸을 느낀 젊은이들이 마약을 복용하고 무관심 속에 숨은 타인들에게 배척당한다. 이 유럽 집회는 부활하신 그리스도께 뿌리를 박고, 함께 희망을 가지고, 미래에 대한 신뢰를 가지고 현재를 살 수 있는 좋은 기회가 될 수 있다."

다른 그룹은 이렇게 썼다. "여기 마타오에서 유럽 집회를 준비하면서, 우리는 깊이 투신한 사람이라 할지라도, 실직, 비행, 마약, 가난 등 그들 이웃에게 있는 문제를 의식하지 못한다는 사실을 알게 되었다. 집회를 준비하는 동안 우리는 보고 싶은 것을 상상하는 것이 아니라 실제 있는 것을 봄으로써, 마음을 주위로 열어야 한다. 환영하는 교회, 가장 회의적인 사람의 눈에도 우정의 싹을 볼 수 있는 교회가 되도록 하기 위해 우리가 할 수 있는 일은 무엇인가? 이미 이러한 상황에 투신한 사람들과 최선을 다하는 그룹이나 개인들을 발견해야 한다.

이 모든 일을 하면서 또 다른 준비의 일환으로 4년 동안 매주 기도회를 열었는데, 이는 환영받는 느낌을 가질 수 있는 기회가 되고, 그 주일에 있었던 일을 모두 하느님 앞에 가져다놓는 기회가 되었다. 시간이 허락되면 매일 아침 일하거나 공부하기 전에 함께 기도한다. 이것은 작년 쾰른 집회에서 돌아오면서부터 시작했는데, 바르셀로나 집회 후에도 계속될 것이다."

집회가 열릴 도시에서 이런 식으로 준비가 진행되고 있을 때, 유럽 전역에서도 이같은 준비를 하고 있었다. 그러기 위해서는 다른 사람들의 관심을 끌기 위한 핵심 그룹이 필요하다. 이 그룹은 본당이나 대학에서 만나기 시작하는데, 여름철 막바지에 이르러 자기 나름의 환경에서 가족이나 친구, 이웃들과 함께 신뢰의 순례를 시작하기로 결정한다. 젊은이들이 기도 모임에 참여할 신자들을 모으기 위해 이 본당에서 저 본당으로 순례하기도 한다. 그들은 여러 인종을 방문하면서 그들을 초대한다. 기도시간 후에 나눔의 시간을 가질 때도 있다. 기성세대는 젊은이들의 동기 그리고 교회에 바라는 바가 무언지 발견하는 한편, 젊은이들은 편견을 버리게 되고 교회일치는 모든 세대가 함께할 때만 가능하다는 것을 깨닫게 된다.

유럽 집회 동안 모든 참가자들이 한낮이나 저녁에 공동기도를 하러 함께 모인다. "기도 예식 동안 세계적인 쾰른 대성당에 모인 수많은 젊은이들 사이에서 10분 정도 전적인 침묵 속에 있어

보니, 우리가 왜 거기에 모였는지 그 근본적인 이유를 알 것 같았습니다. 함께 하느님을 찾기 위해서 모인 것입니다. 침묵 후에 다시 노래를 시작했습니다. 단순한 떼제 노래는 소그룹과 잘 어울리지만 그 웅장한 대성당의 둥근 지붕 아래서 울려퍼졌을 때에는, 그 언어의 다양성에도 불구하고 그 많은 사람들을 일치시킬 수 있을 정도로 웅대했습니다.”

파리에서는 세 개의 대성당 — 노트르담, 생술피스, 생제르맹 데프레 — 이 기도 장소로 사용되었다. 12월 30일 저녁, 요한 바오로 2세와 로마에서 가진 기도 모임도 다른 때와 같은 양식으로 진행되었다. 성 베드로 성당에서는 그 나름대로 특성을 띠었다. 네 시간 동안 계속했는데, 성전은 사람들로 흘러넘쳤고, 교종이 도착하기 오래 전부터 시작한 카논과 명상 노래들이 울려퍼졌다. 십자가 이콘이 제대 아래 놓여 있었다. “이처럼 성 베드로 성전이 기도하는 사람들을 다 수용하지 못했던 적은 별로 없다”고 다음날 로마 신문이 논평했다. 1만 명이 성전 밖에서 모임에 참석해야 했던 것이다. 예식이 끝나자 교종은 발코니로 가서 그들에게 인사했다. 베드로 성전이 그렇게 다양한 종파의 신자들과 젊은이들로 가득 채워진 것은 처음 있는 일이었다.

1981년, 런던에서 처음으로 유럽 집회가 열렸을 때의 얘기를 들어보자. “제2차 세계대전 이래 처음으로 가장 많은 사람들, 17,000명의 유럽 젊은이들이 밤 사이에 배를 타고 영국 해협을 건너왔다. 다양한 색깔의 파카, 다 떨어진 구두, 배낭 … 그들은 영국, 스코틀랜드, 웨일즈 그리고 아일랜드에서 온 3,000명의 젊은이들과 합류하기 위해서 런던으로 모여들었다. 그들은 성 바울

로마에서 열린 젊은이들의 유럽 모임
1982년 12월 성 베드로 대성당에서의 기도

헝가리 부다페스트에서 열린 유럽 모임. 1991년 12월

로 대성당, 웨스트민스터 사원 그리고 웨스트민스터 대성당 등 영국에서 가장 중요한 세 건물로 함께 모였다. 나는 '점유'의 첫날 성 바울로 성당에 들어가면서, 수천 명의 젊은이들이 성당을 가득 채우고 작은 그룹을 이루어 어두컴컴한 곳에 켜 있는 촛불들 주위에 모여 앉아 있는 것을 보고 아연했다. 그들이 부르는 노래는 아주 단순하게 반복되며 동양적인 것으로서, 산골짜기에 부는 바람처럼 오르내리곤 하였다. 5개월 전 거행된 왕실의 결혼식처럼 영국 교회의 가장 의례적인 의식들만 치르는 이 건물에서 젊은이들이 군집해 있는 모습은, 강력한 예배의 절정이 없었다면 무질서해 보였을 것이다." 1986년, 런던에서 열린 두번째 집회에는 캔터베리의 대주교가 다른 교회의 지도자들과 함께 성 바울로 성당의 십자가를 에워싼 기도에 참가했는데, 이틀 후 흄 추기경도 웨스트민스터 대성당의 기도 모임에 참석했다. 매일 저녁 성 죠지 성당을 포함한 모든 성당에서 로제 수사의 명상을 들을 수 있었다. 그렇게 한 다음에 로제 수사는 이 교회에서 저 교회로 돌아다니며 젊은이들의 기도에 참여했다.

그런데 유럽 집회에서 참가자들을 감동시키는 것은, 커다란 기도 모임이나 엄청난 군중 너머에 작고 개인적인 만남이 수없이 많다는 것이다. 많은 사람들이 가정집에 민박을 하고 본당생활을 함께함으로써 독특한 체험을 한다.

"로마의 노동자 거주 지역에 있는 본당에 머물려고 왔을 때 우리 국적은 아주 다양했습니다." 한 참가자가 말했다. "우리는 스페인, 프랑스, 네덜란드, 영국, 오스트리아, 독일에서 왔습니다. 우리를 맞이한 사람들은 그리 부유한 편은 아니어서 작은 집에서

살고 있었습니다. 그렇지만 우리 모두가 투숙할 수 있는 공간은
있었지요. 무엇보다도 그들 마음에 우리를 위한 공간이 있었어
요. 그들은 정말 특별한 우정과 개방성을 보여주었습니다."

참가자들은 아침에는 그들을 위해 도시 전역에 마련된 곳을 방
문하였다. 고통스런 체험을 할 때도 있었지만 가득 숨겨진 희망
을 발견하기도 하였다. 어떤 사람은 이렇게 썼다. "런던 집회 동
안 우리는 고통과 희망의 장소들을 발견하도록 초대받았다. 그리
하여 나는 집 없는 사람들의 숙소를 방문하기로 했다. 그리스도
는 우리를 있는 그대로 사랑하신다. 따라서 우리는 있는 그대로
오는 그들을 환영한다. 방랑자들, 알코올 중독자, 매매춘 여성
등등. 그것이 우리의 프로그램이다." 감리교의 목사가 미소지으
며 설명했다. "이 사람들은 직업과 가정, 그리고 책임감을 가진
적이 있지만, 이제 모든 것을 잃어버렸습니다. 이제 그들은 홀로
남겨졌고 돈도 조금밖에 없습니다. 그렇지만 그들은 자신을 있는
그대로 받아들이지 않습니다. 따라서 그들을 사랑하는 것이 우리
가 할 일입니다."

그런 집회는 인종과 문화를 잇는 가교가 된다. "우리를 맞아들
이는 지역에는 아시아인이 많습니다. 설날에 벵골 사람들이 본당
센터에 와서 그들 전통 음식을 만들어 대접했습니다. 음식을 나
누면서 깊은 나눔이 이루어졌습니다. 불신에서 신뢰로 한 걸음
내디딘 것입니다. 어느 가족이 백인에게 얻어맞은 어린이를 데리
고 오는 위험을 무릅썼습니다. 그 어린이는 처음에는 두려워하고
미심쩍어했지만 식사를 하면서 태도가 변했습니다. 이 또한 이
신뢰의 순례에서 나타난 조그마한 기적이라고 볼 수 있습니다."

쾰른 근처 지그부르그의 작은 마을에 머물던 사람들이 소년원을 방문했다. 그 소년원은 유럽에서 가장 큰 시설로서 850명이 수용되어 있었다. 마을 젊은이들이 여러 해 동안 이곳에 수감된 소년들과 접촉했으며, 소년원 경당에서 의식을 준비했다. 회색 죄수복만 아니었다면 누가 수감자이고 누가 방문자인지 몰랐을 것이다. 나중에 교도소의 목사는 수감자들이 몹시 감동했다고 전했다.

로마에서는 모든 참가자들이 카타콤브에 기도하러 갔다. 한 그룹이 말했다. "12월 31일, 우리는 여러 본당에서 온 사람들과 만났다. 우리 500명은 들판을 가로질러 카타콤브까지 걸어갔다. 그것은 우리 신앙의 원천, 단순하고 초라하고 화해를 이룬 땅인 교회로 향하는 순례였다." 이 근원을 향해가는 순례 역시 집회 기간 중에 매일 성서 본문을 함께 묵상하는 모임에서 이루어졌다.

유럽 집회는 보조금이나 자금이 제공되지 않고 조직되며, 모든 것은 아주 간단한 수단을 사용하여 이루어진다. 이것을 본 캔터베리의 대주교는 깊은 감동을 받았다. "우리 교회에서는 천 명만 모이는 데도 엄청난 돈이 드는데, 여러분은 아주 작은 것을 가지고 아주 많은 것을 이루었습니다!" 떼제에서와 마찬가지로, 참가자들이 무언가 제공했고 그것으로 충분했다. 그렇게 단순한 수단은 자유로 향하는 길이다. 런던, 바르셀로나, 로마에서 가장 따뜻하게 환영한 사람들 역시 가장 가난한 가정들이 아니었던가?

떼제 공동체에 의해 조직된 다른 모임들과 마찬가지로, 그 온전한 취지는 나중에 이해될 수 있을 뿐이다. 사람들은 예측할 수 없는 방법으로 감동받고 열매를 맺을 때가 많았다. "나는 떼제에 대해서는 그 이름밖에 아는 게 없었습니다." 집회를 마친 후 런던의 어느 본당신부가 말했다. "그런 집회는 난생 처음 체험했습니다. 우리 본당에서도 무언가 달라질 겁니다. 우리는 계속해서 기도 모임을 가질 것입니다. 우리 본당에도 기도 모임이 많지만 마흔 살이 넘은 신자 몇 명만 참가할 뿐이고 젊은이들은 참석하지 않습니다." 그러고는 준비에 참가했던 교회간의 만남들에 대해서도 이야기했다. "우리는 매주 성공회 사제들과 감리교 목사들과 만났습니다. 그렇지만 우리 신자들에게는 접촉할 기회가 거의 없었습니다. 그들은 유럽 집회를 준비하기 위해 함께 일해야 했는데, 그것은 여기서 지속되어야 할 어떤 것입니다."

1979년, 바르셀로나에서의 첫 집회 이래 수백 명이 도심지 성당에서 일주일에 한 번 열리는 기도 모임에 참가하기 위해서 모여들었다. 파리에서도 1983년 이후에 생제르맹데프레에서 매일 기도가 열렸다. "이 기도는" 하고 그것을 조직하는 데 도움을 준 파스칼이 말했다. "라틴계 지역의 중심부에 있다. 성당 한편에 있는 경당에 십자가 이콘과 촛불이 몇 개 놓여 있다. 누군가가 매일 기도를 준비했다. 그것은 정기적인 데다가 모든 사람에게 개방되어 있기 때문에 학생, 여행자, 노동자 들이 함께 만날 수 있고 또 복잡한 도시 한가운데서 조용히 명상할 수 있는 시간과 평화의 공간을 제공해 준다." 쾰른 집회 이후에도 이같은 기도 모임이 중심지의 로마네스크 성당에서 시작되었다. 매일 다른 본당 신자들이 그것을 맡는다.

유럽 집회에 참가하고 고향으로 돌아온 사람들은 새로운 것을 시도할 수 있는 용기를 얻었다. 독일에서 온 그룹이 떼제에 편지를 썼다. "런던 집회 때 우리는 십자가를 에워싸고 기도하면서 깊은 감동을 받았습니다. 여기서도 매주 금요일 성당에 모여 그런 기도를 합니다. 외국인들도 초대합니다. 그들은 독일에 은신처를 요구하였고 현재는 낡은 군대 병영에서 삽니다. 독일어를 못하는 사람이 많습니다. 그들은 소외감을 느끼기도 하고 요지부동인 관료주의에 당황하며 어찌할 바를 모르기도 합니다. 십자가를 에워싸고 기도하는 것은 그들에게 작은 희망의 씨앗입니다. 소외를 탈피할 수 있는 가능성을 발견하는 것입니다. 우리는 그들을 통하여 연대가 기도의 문제만이 아니라는 것을 깨닫고 있습니다. 기도는 우리가 구체적으로 행동할 수 있도록 이끕니다.”

마을 사람들이 “화해 모임”에 참여해서 자기 마을이나 가정 혹은 본당에서 분열로 인해 생긴 문제들을 해결하려고 애쓸 때가 많다. 한 그룹이 다음과 같이 썼다. “그리스도는 교회의 일치를 이루라고 우리를 부르셨습니다. 그런데 우리는 지역 공동체 안에 장벽을 만들고 그리하여 교회를 우스꽝스럽게 만듭니다. 유럽 집회는 우리 공동체들을 보편적인 교회상으로 만들고자 하는 희망을 심어주었습니다. 우리가 바르셀로나에서 꼭 알맞은 해결책을 발견했다고 말할 수는 없습니다만 우리 문제를 새로운 방법으로 다룰 준비가 되었습니다.”

대륙에서 대륙으로

1985년 12월 27일 오전 다섯시, 마드라스의 능감바캄 마을에는 엄청나게 많은 사람들이 지나가고 있었다. 그들은 빈민가 경계에 있는 스텔링 가를 가로질러 예수회 대학으로 향하고 있었다. 대학에서는 이렇게 혼란스런 군중을 너그럽게 환영해 주었다.

이들 대부분은 젊은이였는데, 방글라데시의 북쪽에 있는 아삼과 메그하라야처럼 아주 먼 지역을 포함한 인도 전역에서 왔다. 아시아 20개국과 유럽 대부분의 국가에서 온 사람은 천 명 정도 되었고 다른 대륙에서 온 사람도 좀 있었다. 피부 빛깔이 서로 다른 사람들이 함께 모여 그 다양성을 발견하며 서로 놀라고 있었다. 마드라스에서 대륙간 모임이 막 시작되고 있었던 것이다.

교회 지도자를 포함한 인도 그리스도인들은 이 집회의 범위를 아시아인들에게만 국한시키지 말고 준비하라고 떼제 수사들에게 요청했다. "아시아에서 전세계 젊은이들의 집회가 열릴 필요가 있다." 그 중 한 사람이 떼제 방문에 대해 언급했다.

그렇게 오랫동안 준비한 순례는 아마 없을 것이다. 이미 18개월 전에 각 대륙의 떼제 수사들이 첫번째 만남을 위해 도착하여 자전거를 타고 마드라스 시내를 오가며 일했다. 안드레아회 수녀 몇 사람이 — 그 중에는 아시아 출신도 한 사람 있었다 — 와서 눙감바캄의 작은 집에 머물렀다. 할 일에 비하면 두 공동체는 너무 작았다. 하지만 그들은 인도 젊은이들의 창의력과 노하우에 의지하였다. 매월 시내 전역에서 기도와 묵상 모임이 열렸고 민박할 사람들을 촉진하는 소그룹들이 각 지역에 형성되었다. 사람들은 참으로 나누고 받아들이는 것이 무언지 배우기 시작했다.

한편 젊은이들은, 혼자서든 그룹으로든, 마드라스까지 순례하거나 집에 머물면서 집회에 참가하는 방법을 모색하고 있었다. 마드라스로 떠나는 사람들은 "순례"라는 말의 의미를 아주 구체적으로 발견하였다. 많은 사람들이 크리스마스 전야를 길에서 지냈다. 쿠웨이트에서는 몇몇 사람들이 공항 대기실에서 작은 기도 모임을 열었다. 다마스커스에서는 좀 오래 기도하기 위해서 공항에서 한 외딴 방을 사용할 수 있었다. 델리에서 마드라스로 오는 기차에서는 폴란드 사제가 38명의 폴란드 순례자들을 위해서 자정미사를 드렸는데 다른 승객들도 자발적으로 참여하였다.

매일 아침 순례자들이 인구 350만 명인 이 도시의 근교에서 눙감바캄 대학으로 모여들었다. 대학은 거대한 들판과 숲으로 둘러싸여 있다. 모여든 순례자들은 거기서 낮시간을 보내는데, 이 낮시간에는 각기 한 시간 반 정도 걸리는 공동기도 시간이 두 번 있다. 마드라스에는 그렇게 많은 사람들을 수용할 대성당이 없기 때문에, 거대한 "판달"pandal을 마련하였다. 이는 인도에서 결혼식을 하거나 전통적인 축제를 할 때 집 앞에 세우는 것으로, 대나무를 엮어 뼈대를 만들고 코코넛 잎을 바닥에 깐 임시 공간이다.

이 임시 대성당에서 공동기도를 한다. 첫 노래를 할 동안은 사리를 입은 어린이가 하느님의 빛을 상징하는 인도 램프에 불을 붙인다. 영어로 하는 떼제 성가, 타밀어로 하는 인도 성가, 그외 여러 언어로 부르는 독창, 짧은 독서, 10분 동안의 침묵이 있고, 그러고 나서 마지막에는 로제 수사가 영어로 짧은 묵상기도를 하는데, 이는 타밀어, 힌두어로 통역되고 30개 언어로 동시통역되었다. 언어도 다양하고 분쟁도 잦은 인도에서, 그 다양한 언어를 같은 전례에서 동시에 사용한다는 것은 놀라운 일이 아닐 수 없었다.

사람들은 도시의 소음이 끊이지 않는 가운데 기도에 침잠해 들어갔다. 침묵은 각 사람에게 파고들어 소그룹 나눔 시간에 진지하게 참여할 수 있게 해주었다. 나눔의 주제는 "분열에도 불구하고 온갖 형태의 숙명론이나 수동성을 타파할 수 있는 길은 없을까?" "세상을 살 만한 곳으로 만들기 위해서, 우리 환경에서 구체적으로 할 수 있는 모험은 무엇인가?" 하는 것들이었다.

그런 체험으로 해서 많은 편견, 특히 도시 젊은이와 시골 젊은이들 사이, 서로 다른 종파 사이, 인도인과 서구인 사이의 수많은 편견이 사라지게 되었다. 스리랑카에서 싱갈레즈와 타밀이 전쟁을 하고 있을 때도 그들은 마드라스에서 만났고, 카스트 신분이 높은 사람이 신분이 낮은 사람과 함께 이야기할 수 있었다.

집회가 끝난 후 인도의 가톨릭 주교들은 연간 보고서에 다음과 같이 썼다. "떼제 수사들이 우리와 함께 마드라스에서 개최한 국제 집회는 1985년의 뜻있는 행사였다. 그렇게 많은 젊은이들이 모인 것은 인도 교회사에서 유례가 없는 일이다." 이로 인해 두 번째 국제 집회가 남인도 연합교회와 가톨릭 주교들의 후원하에 1988년 12월 27일부터 31일까지 마드라스에서 열리게 되었다. 인도 12주에서 1만 명의 청장년들이 왔고, 각 대륙에서 젊은이들이 왔는데, 같은 시기에 파리에서도 3만 3천 명이 모여 있었다.

바로 2년이 지난 1991년 2월 22일부터 25일 사이에 마닐라에서도 같은 모임이 열렸다. 인구 1천만 명이 사는 필리핀 수도의 중심부에 인트라무로스라고 하는 곳이 있다. 그 이름이 암시하는 바와같이 그것은 벽으로 둘러싸인 도시, 스페인과 미국이 전쟁할 때 중앙 군사 캠프이며 요새였던 곳이다. 벽돌로 된 높은 벽들이 도시를 적들로부터 보호해 주었던 것이다. 1세기가 지난 지금, 필리핀 전역과 다른 나라에서 온 1만 5천 명의 젊은이들이 전쟁을 위해서가 아니라 평화를 위해서 벽으로 둘러싸인 도시를 향해

행진하고 있다. 그들은 마닐라 대성당 앞에 있는 대광장에서 대나무와 코코넛 잎사귀로 만든 거대한 "쿠볼"kubol 아래 기도하기 위해서 하루에 두 번 모였다. 4일 동안 기도하고 나누는 동안 그들은 벽을 허물기 위한 방안을 모색하였다. 인트라무로스의 벽만 아니라, 나라 전체에 있는 벽, 인간 가족을 분열시키고 그들 사이에 상처를 주는 벽 말이다.

순례자들이 마닐라에 도착하면 어느 본당에 머물 것인지 알게 된다. 약 150개 본당이 참여했다. "본당 젊은이들은 다른 지방이나 나라에서 오는 젊은이들을 맞이한다는 사실에 매우 들떠 있었습니다. 사실 손님들에게 직접 음식과 방을 마련해 주고 싶어서 인트라무로스 집회에 참가하는 데 문제가 생긴 사람들도 많았습니다."

군대까지도 25대의 트럭과 운전병을 제공해 주었다. 그들은 "쿠볼"을 만들기 위한 코코넛 잎사귀를 케손 지방에서 운송해 왔고, 모임 동안에도, 공공 운송시설을 이용할 형편이 못되는 사람들을 이 본당에서 저 본당으로 실어다 주었다.

수백 명의 원주민들이 북부에서 왔다. "우리는 '하느님과의 관계'에서 자신에 대해 좀더 묵상하는 데 도움을 주는 기도라는 형태로, 이 모임의 결실을 산으로 가지고 가게 될 것입니다." 그중 한 사람이 말했다. "현재의 위기는 경제적인 위기일 뿐 아니라 우리 자신에 대한 신념의 위기이기도 합니다. 그렇기 때문에 이 집회는 매우 시의적절한 것입니다."

로제 수사가 마닐라에 도착하자 스모키 마운틴에서 온 50명의 어린이들이 환영하였는데, 스모키 마운틴은 마닐라의 중심지에

인도 마드라스와 필리핀 마닐라에서 열린 신뢰의 순례

있는 빈민가로 주민들은 쓰레기를 수집해서 살아가고 있었다. 그는 공동기도 때 말했다. "나는 필리핀 젊은이들이 어떤 시련을 겪었는지 알고 있으며, 무엇보다도 그들에게는 독특한 선물이 있다는 것을 압니다. 사회 안에서 그리스도인의 소명이 있는데, 그것은 너무나 본질적이어서 도피할 수 없다는 것을 알고 있는 사람들이 상당히 많습니다. 그 소명이란 평화롭고 화해를 이룬 인간 가족을 건설하는 것으로서, 이 책임으로부터 도피할 수 없다는 것입니다. 그리고 그 일을 할 때는 사심이 없어야 합니다."

마닐라에서 이 모임을 위한 준비가 진행되는 동안, 미국 가톨릭 주교협의회의 평신도와 청년위원회에서 또 다른 초대를 해왔다. 주교들은 북아메리카의 젊은이들이 교회 안에서 자신들의 위치를 찾으려고 애쓰고 있으며, 이윤과 소비 가치 그리고 물질적인 성공을 추구하는 것이 특징인 분열된 사회에서 그리스도인으로서 살아갈 수 있도록 해주는 영성생활을 모색하고 있다는 사실을 유의하고, 마드라스에서 열린 두 번의 집회가 북아메리카에서도 열리기를 바랐다. 다른 교회들도 그 초대를 지지했고, 수사들은 좀 불안해하면서도 마침내 승낙했다.

집회 장소는 미국 중심부의 중소 도시 오하이오 주의 데이톤이었다. 대규모의 가톨릭 대학이 집회를 위한 시설을 제공해 주었다. 몇 달 앞서, 떼제 수사들과 젊은이들은 매우 다양한 배경을 가진 사람들과 함께 신뢰와 화해에 대하여 기도하고 묵상하는 모임을 하기 위해 많은 곳을 여행하였다. 아프리카계 미국인, 라틴 아메리카계 미국인, 그리고 아메리카 원주민 등 평소에는 잊혀진 사람들을 포함시키기 위해서 특별한 노력을 기울였다.

데이톤에서는, 한 달에 한 번 나중에는 일주일에 한 번 기도 모임이 열려, 준비 작업에서 중심 역할을 하였다. "집회 준비는" 데이톤에 사는 소년이 설명했다. "여기 그리스도인들을 함께 모으는 역할을 했는데, 이는 전에는 없던 일입니다. 미국의 다른 도시들과 마찬가지로 데이톤은 인종적으로나 경제적으로 차별이 심한 도시인데, 이 차별이 그리스도 앞에서 녹아 사라지는 것을 보면서 용기를 얻었습니다. 나는 그렇게 단순한 기도, 그렇게 단순한 메시지, '신뢰의 순례'가 그렇게 심오한 효과를 가져오리라고는 전혀 생각하지 못했습니다."

마침내 1992년 5월 21일부터 25일 사이에, 46개 주와 20개국에서 수천 명의 젊은 순례자들이 데이톤으로 모여들었다. 준비가 결실을 맺은 것이다. 각 가정과 본당은 방문자들을 극진히 맞이하여 그들을 감동시켰다. 종파가 다른 50개 교회의 그리스도인들이 참가자들을 집으로 맞이했다. 아프리카계 아메리카인들은 난생 처음으로 유럽계 아메리카인이나 캐나다 사람들을 극진히 대접할 수 있는 기회를 가질 수 있었으며 자기들 사이에 공통점이 많은 것을 보고 놀랐다.

기도 장소로 정해진 커다란 경기장 부속 건물에 로제 수사와 15명의 수사들을 중심으로 해서 참가자들이 모여들었다. 떼제 노래와 아프리카계 아메리카인들의 전통적인 노래가 오랫동안 번갈아가며 계속되었다. 영어, 스페인어, 프랑스어 그리고 폴란드어로 독서와 청원기도를 하였다. 로제 수사가 묵상기도를 하기 전에, 작은 초를 든 어린이들이 부활초에서 불을 붙여 참가자들의 초에도 붙여주었다. 그리고 두 명의 어린이가 하프와 오보에, 기타 반주에 맞추어 "주님은 나의 빛이요 구원이시니 나는 주님을 믿나이다"를 노래했다.

마지막 전날 열린 문화간의 대토론회에서 모임의 또 다른 면이 드러났다. 어느 젊은이가 오늘날 미국 대도시에서 흑인으로 살아간다는 것이 무엇을 의미하는지 솔직하게 말했다. 남미계 미국인과 미국 원주민 그리고 멕시코에서 온 그룹도 마이크를 잡았다. 놀라운 것은 이렇게 이야기하는 과정에서 미국 사회가 지닌 문제들이 모두 제기되면서도 절망하거나 체념하는 어조로 말하지 않았다는 것이다. "로스앤젤리스에서의 인종폭동이 신문의 머리 기사를 차지하던 바로 그 달에 수천 명의 젊은 북아메리카인들이 화해를 위해 헌신하고 있다는 사실은 무엇을 말해 줍니까?" 하고 어떤 대학 교수가 말했다. "우리가 미국의 경제적·인종적인 차이를 다루는 법을 분석할 때 데이톤의 모임에서 어떤 강력한 대답이 나오리라고 기대할 수 있습니까?" 떼제의 "전세계적인 신뢰의 순례"는 내적인 삶과 나라간의 연대라는 씨앗을 뿌려가고 있다.

일생을 바치기

여기 마을 가운데 있는 벤치에 잠시 앉아보자. 조금만 기다리면 사람들이 도착하고 떠나는 것을 볼 수 있다. 저기 막 언덕을 올라오는 사람이 있는가 하면 여기 두 사람이 **샬롱행** 버스를 타러 내려가고 있다. 이렇게 끊임없이 오가는 사람들을 보고 떼제에 대한 결론을 이끌어낼 수 있다고 보는가? 오늘 여기 있는 사람들은 **곧 집으로 돌아갈** 것이고, 각기 다른 사상과 배경을 가진 사람들이 이곳을 찾을 것이다. 어쩌면 1년 내내 여기에 머물러야 할지도 모른다. 그렇다 한들 무엇을 쓸 수 있겠는가? 물론 좀더 오래 머물면서 사람들을 맞이하고 모임을 조직하는 등의 일을 돕는 사람들도 있다. 그렇지만 왔다가기는 그들도 마찬가지다.

수사들만이 따로 갈 곳이 없다. 떼제가 **일상의** 장이라고 말할 수 있는 사람은 그들밖에 없다. **언젠가** 그들도 어딘가 다른 곳에 살라는 부르심을 느낄지도 모른다. 그럴 경우 그들은 함께 갈 것이다. 그들은 그리스도께 자신을 바쳐 공동생활을 서약했기 때문이다. 그들은 **관상생활의 성소에 일생을 온전히 바친** 수도승이다. 하지만 **세계 여러 곳을 다니고** 평화와 나눔에 관심을 가진 매우 현대적인 수도승이다. **그래도 떼제의 형제들은 무엇보다도 보이지 않는 하느님의 질서를 따르는 것을 삶의 최우선 순위로 둔다는** 사실을 잊지 말아야 **한다.** 그들은 보이지 않는 하느님을 찬미함으로써 오늘날 세상에서 일어나는 일을 예리하게 이해할 수 있고 또 세상을 외면하지 않게 되는 것이다.

투신이란 자신을 내어주는 것이다. **어느 누구도 하룻밤 사이에 자신을 온전히 바칠 수는 없다. 형제들 한 사람 한 사람은 공동체에 입회해서 처음 몇 해 동안 사는 가운데 수도성소가 요구하는 것과 그 의미를 깨닫고 어떻게 거기에 대면해야 할지를 배웠다.** 이렇게 4,5년 동안의 준비 과정을 거친 **다음에야** 그리스도의 부르심에 "예"라고 응답할 수 있게 되었다. 그리스도께 드리는 이 응낙은 **형제**들의 공동체 안에서 형제들과 더불어 발하는 것이다. 물질적인 것은 물론 영적인 은사들까지 모든 것을 나누는 공동소유를 받아들이는 것, 독신생활에의 응낙, 공동체 생활의 중심에 있는 "일치의 종"의 직무를 받아들임, 아무것도 미리 알 수 없는 그런 삶에의 응낙, 돌이킬 수 없는 "예"로써 자기를 봉헌하는 것, 떼제의 형제들은 로제 수사의 편지 「감히 기대조차 못했던 삶」에 나오는 다음 글귀를 누구보다 먼저 살아가야 하는 사람들이다.

"(그리스도여) 당신은 내 앞에 모험의 길을 여십니다. 당신은 성성聖性의 길에서 줄곧 내 앞에서 인도하십니다. … 당신은 내 일부가 아니라, 내 존재 전부를 원하십니다. … 어느 날 나는 당신은 내가 돌이킬 수 없을 만큼 자신을 온전히 바치기를 원하신다는 것을 깨달았습니다."

수사들의 서약을 언급하는 것으로는 부족하다. 그들은 이 서약을 어떻게 이해하고 살아가고 있는가? 떼제의 규칙을 신중하게 읽으면 도움이 될지도 모른다.

일치의 종: 원장

일치의 봉사자는 서로 경쟁심을 불러일으키지 않도록, 다수의 의견에 얽매이지 않고 하느님 앞에서 결정을 내릴 책임을 진다. 인간적인 압력으로부터 자유로운 상태에서 가장 확신에 찬 형제의 말을 들을 때나 가장 소심한 형제의 말을 들을 때나 똑같은 주의를 기울여 듣는다. 어떤 중요한 문제에 대하여 참된 일치가 결여되었다고 느끼면, 나중에 다시 살펴보기로 하고 판단은 보류한 채, 잠정적인 결정을 내리고 일을 진행한다. 정지한다는 것은 그리스도께 나아가는 데 불순명하는 것이다.

우리는 여기서 베네딕도 성인이 수도원장의 직무와 그 어려움에 대해 말하면서 원장은 각 사람에게 주어진 다양한 은총들과 필요들을 전체 공동체 생활에 맞추어 가면서 모든 사람의 아버지가 될 필요가 있다고 한 말씀을 기억한다. 일치의 종이 할 일을 좀더 상세하게 기술한 것을 보면 이 말을 이해하기 쉬울 것이다.

"일치가 없이는 예수 그리스도께 대담하게 또 전적으로 완전히 봉사할 수 있는 희망도 없습니다. 개인주의는 공동체를 깨뜨리고 그 진전을 방해합니다.

원장은 공동체의 일치를 북돋아 줍니다.

모든 형제들은 자신이 가지게 될 수 있는 염려와 두려움을 원장에게 개인적으로 솔직히 털어놓아야 될 것입니다. 다른 형제들 앞에서 표현된 반항은 두루 퍼지기 십상입니다.

원장도 다른 형제들과 똑같은 약점을 가지고 있습니다. 만약 형제들이 그의 인간적 덕성 때문에 그를 사랑한다면 그의 결점이 드러나면 그의 직무수행을 받아들이지 않을 위험이 있습니다.

결정을 내리는 일은 원장에게 있어서 두려운 임무입니다.

그는 형제들마다의 특별한 재능을 찾아내어 형제들이 스스로 그 재능을 깨달을 수 있도록 해야 될 것입니다.

원장은 자신이 맡은 일이 우월한 것이라고 생각해서는 안되지만, 그렇다고 그냥 어쩔 수 없으니까 감수한다는 정신으로 일을 맡아서도 아니됩니다. 그는 오직 그리스도가 그 일을 자신에게 맡겼음을 명심해야 합니다. 그는 그분께 그것에 대한 셈을 바쳐야 할 것입니다.

그는 자비심으로 무장해야 하는 바 자비심이야말로 자신에게 가장 필요한 은총이니 그것을 주십사고 그리스도께 간청해야 될 것입니다."

이것이 권위에 대해 얼마나 새로운 비전인지 알고 있는가? 우리에게 보통 권위라는 말은 "책임진다는 것" 심지어는 "다른 사람들에 대하여 지배력을 가진다는 것"을 의미한다. 그렇지만 여기서는 전혀 그렇지 않다. 지금은 최근 교회 내에 일어나고 있는 "권위의 위기"로 해서 이런 견해를 받아들이기 쉬울지 모르지만 1952년에 이 말이 얼마나 혁신적일 수 있는지 생각해 보라! **이러한 접근이 교회에는 어떤 시사점을 던져주는가?** 로제 수사는 초기의 저서에서 다음과 같이 썼다.

"공동생활에서 다수결 원칙이 가장 좋다고 말할 수 있는가? 교회가 인간사회에서 사용하는 의사결정의 절차를 무심코 빌려올 때는 언제라도 문제를 제기할 수 있다. 어떤 일에 대해서 51%가 찬성한다고 해서 그것이 하느님의 뜻이라고 말할 수 있는가? 교회에서는 하느님이 우리를 위해서 마련하신 길을 따르고, 그리스도인들을 봉사의 길로 이끌기 위해 결정이 내려진다. 공동체 내의 권위는 오직 그리스도에 그 중심을 둔 것이어야 한다.

이 직무는 인간적으로 속박한다든지 **자신의 뜻을 강요하는 것**과는 전혀 거리가 멀다. 그것은 다른 사람의 양심을 대신할 수 없으며, 그리스도의 뜻이 무엇인지 일깨울 뿐이다. 일치의 종은 영혼들을 지배하여 자기 것으로 삼고자 하는 욕망에 내재하는 은밀한 야심을 경계해야 한다.

모든 일을 만장일치로 결정하는 것이 이상적이지만 이상주의는 복음적 개념이 아니다. 모든 사람이 동의할 때까지 기다리면서 앞으로 나아가지 않는다면 공동체는 정지하고 말 것이다. 계속해서 앞으로 나아가는 것이 중요하다. 멈추려고 하는 사람은 누구나 퇴보하기 시작하는 것이다."

창조의 소박한 아름다움

떼제에서는 공동체의 삶을 이야기하면서 "가난"이라는 말을 사용하지 않는다. 그 이유는 짓눌리는 가난과 비참함으로 상처받은 사람들을 존중하려는 의도에서다. 규칙은 수사들이 예루살렘의 첫 그리스도인들처럼 "모든 것을 공동으로" 소유할 것을 명기하고 있다.

"모든 재산은 예외없이 전적으로 공유됩니다.

닥쳐올지도 모르는 궁핍을 두려워 않고 재산을 쌓아두지 않으며, 있는 모든 것을 언제라도 모두 다 잘 써버리는 대담성은 무한한 힘의 원천입니다.

가난은 그 자체에 미덕이 있는 것이 아닙니다.

복음에 나오는 가난한 사람들은 내일을 어떻게 살 것인지에 대한 보장도 없이, 모든 것이 주어질 것이라는 기쁜 자신감 속에서 생활하는 것을 배웁니다.

가난의 정신은 가난에 찌들리는 것을 뜻하는 것이 아니라 모든 것을 창조의 소박한 아름다움 속에 놓아두는 것을 뜻합니다.

가난의 정신은 하루하루를 오늘의 기쁨 속에 살아가는 것입니다.”

부유한 생활방식과 그것이 외적으로 드러난 모습을 중요시하는 이 세상에서, 공동체는 이 규칙을 진지하게 살아내려고 애쓴다. 땅에 대한 소유권을 포기하기, 투자하지 않기, 선물이나 기부금을 사양하기 등. 떼제를 방문하는 사람들은 특정한 “방식”을 인상깊게 여기곤 한다. “화해의 교회”나 사람들이 도착하는 “노란 집”, 혹은 성 안드레아회 수녀들이 운영하는 방문객 숙소 “엘 아비오드” 등에서 세세한 것들이 전체 분위기를 아주 다르게 만든다. **수도 단체에서의 “가난”은 간혹 단조로움과 혼동되어 밝고 새롭고 즐거운 것을 부정하는 것으로 여겨질 때가 있다.** 떼제에서는 지나치게 겉치레하는 일은 절대 없고 가난의 정신이 한 줌의 꽃다발이나 촛불 하나처럼 아주 보잘것없는 것들로 표현되는 단순소박함과 축제를 의미한다.

우리가 사는 풍요한 현대사회에서 소유물은 안전의 수단이요, 돈으로 살 수 있는 행복이다. 떼제 공동체도 수사들이 원했다면 아주 부자가 될 수도 있었을 것이다. 공동체는 아직도 젊고 힘이 있다. 그 구성원들은 그렇게 집중된 조화 안에서는 발견하기 아주 힘든 **재능**들을 가지고 있다. 로제 수사는 그 **위험**을 표현한 바 있다. "우리가 만일 우리에게 필요한 것만 벌기 위해서 일한다면, 우리는 잘못을 자초할 것이다. 우리 수입의 일부를 나누어 주지 않는다면, 우리는 점차 일을 하지 않게 되거나 아주 부자가 될 것이다."

현대인들은 교회가 부자라는 사실에 매우 예민하고, 교회로서는 그 도전에 응할 때 항상 어려움을 느낀다. 떼제에서는, 재정적인 상황에 대해서는 거의 말하지 않지만, 예산의 균형을 맞추기 위해서 끊임없이 애쓰고 있다. **수사들은 생산지향적이지는 않지만, 공동체는 선물이나 기부금에 의지하지 않고 살아나가야 한다. 공동체의 직무수행에 필수적인 비용이 있다.** 우편비와 통신비 등이 그 예인데 편지나 전화 그리고 텔렉스 없이 어떻게 전세계에 흩어져 있는 사람들과 접촉할 수 있겠는가? 또 **세계 곳곳의 젊은이들을 찾아가는 여정도 빼놓을 수 없고,** 여러 대륙에 흩어져 있는 우애 공동체 수사들도 있다. 떼제 방문자들을 맞이하는 데 드는 비용도 만만치 않은데, 방문자들이 내는 돈으로는 필요한 비용을 모두 감당하지 못할 때가 있다. 갑작스레 폭풍이 불거나 우박이 마구 퍼부으면 많은 텐트들이 무너져 그 해의 재정을 흔들어 놓을 때가 있다.

떼제 공동체가 일을 대하는 태도는 보통 우리가 일을 대하는 태도와는 근본적으로 다르다. 그들은 자신들의 안락한 생활을 위해서 일하지 않는다. **형제들은 무엇보다도 자유로이 직무에 전념할 수 있기 위해 일하는데, 여기에는 아무에게도 재정적으로 의존하지 않고 독립하는 것이 필수적이다.** 이와 동시에, 다른 사람에게 나누어줄 수 있는 그 무엇은 — 남아도는 것

뿐 아니라 — 지닐 필요도 있다. 수사들 중에는 돈이 되는 일을 하는 사람들도 있고, 편지쓰기, 손님들과 대화, 공부, 글쓰기, 젊은이 집회와 순례를 조직하기 등 돈이 되지 않는 일을 하는 사람들도 있다. 어떤 일을 하든 거기에는 우열이 있을 수 없다. 둘 다 공동체의 공동 사도직의 측면인 것이다.

공동체의 수입은 여러 작업장에서 온다. 떼제의 초창기부터 형제들은 도자기 작업장을 만들어 몇몇이 하루 종일 혹은 반나절 일하며 이 지역 진흙과 식물을 이용해 예술적 가치를 지닌 소박한 도자기를 만들어 내었다. 그리고 칠보공예로 십자가나 브로우치를 만드는 형제도 있고, 엽서용 사진을 찍는 이도 있다. 떼제의 형제들 가운데는 항상 화가나 장인들이 있어 왔다. 한편 "떼제 출판사"에서는 수사들이 집필한 책을 편집 출판하는데 신학, 영성, 시, 도기 제조법 등 다양한 분야의 책들이 여러 나라 말로 간행된다.

떼제에서 "일" 개념을 형제 각자의 재능을 식별하는 시도와 따로 떼어 생각할 수 없다. 공동체의 직무는 다양하고 따라서 그 가능성들도 변할 수 있다. 그런데 새 형제가 공동체에 입회하면 — 이들은 대개 20대다 — "어떤 일을 하도록 훈련시킬 것인가?"가 아니라 "그는 진정 누구인가?" 하고 묻게 된다. 수사들에게 일은 그리스도인으로서 봉사하는 것을 의미하는데, 그것은 그가 완성하도록 불림받은 것이다. 여기 우리는 교회 안에서, "모든 신자들의 사제직"의 개념이 지닌 의미를 재발견하도록 초대받는데, 모든 그리스도인은 자신의 자질과 소명에 따라, 다른 사람을 위해서 그리스도를 살도록 불림받은 것이다.

평생의 독신생활

"나를 위하여 제 목숨을 잃는 사람은 살 것이다." 자기 목숨을 잃고 바치는 것은 현대의 "자아 실현"광들과는 달리 복음의 근본주의를 향해 가는 것이다. 독신에 대한 복음의 부르심을 달리 이해하는 방법이 있을까? 이처럼 다루기 어려운 주제도 없을 것이다. 초기에 로제 수사는 개신교 신자들은 이 측면을 공감하지 못할 거라고 여러 번 썼다. 모든 개신교들은 독신제를 전면적으로 거부하기 때문에, 수사들이 평생에 걸쳐 독신으로 살겠다고 천명한 것은 진정 개혁이었다. 그리스도인 소명의 어느 한 형태가 될 수도 있는 이 독신제에 대해서 개신교가 전적으로 침묵을 지킨다는 것도 설명하기 쉬운 일은 아닌데 로제 수사는 그것을 결혼성소와 관련지어서 설명하곤 했다. 교회 내 사랑에 대한 이 두 절대적인 투신은 서로를 올바로 이해하는 데 필요한 것이다.

가톨릭 교회에서는 독신제에 친숙한데, 아마도 그때문에 가톨릭 수사들이 떼제에 들어갈 때 교회의 동의를 얻어낼 수 있었는지도 모른다. 1971년, 로제 수사는 교종에게 오늘날 교회 안에 독신제가 긍정적인 표지로서 가치를 지니고 있다는 것을 설명하는 메시지를 보냈다.

"독신제는 복음적 어리석음입니다. 인간의 눈에는 그렇게 보이지만 그것은 다가오는 왕국을 선포하고, 교회로 하여금 세상의 소금이 되라는 소명을 온전하게 살아가도록 자극합니다."

"독신제를 따르는 것이 분명 쉽지만은 않습니다. 독신 남녀들은 미래를 위해 아무것도 남겨두지 않고 온 삶을 그리스도께 바칩니다. 그때문에 그들은 '박해도 받겠지만 백 배의 보상도 받을 것인데' 이는 하느님께서 그들에게 보살피라고 맡긴 사람들을 위해서 내적으로 갈등을 겪는 문제이기도 합니다. 독신제는 그리스도인의 결혼이 신성하다는 것을 결코 부정하지 않습니다. 그와 반대로 각 그리스도인들이 평신도로서 불림받은 특별한 소명, 즉 모든 그리스도인들의 삶 속에 있는 그 '왕다운 사제직'을 발견하게 하여 다른 사람들을 위해서 그리스도를 살도록 초대하는 자극제가 됩니다. 그것은 앞으로는 그리스도인들이 교회의 공동 사도직에 더욱 명시적으로 참여할 것이라는 것을 의미합니다."

그리고 로제 수사는 덧붙였다. "독신제는 교회생활의 바로 핵심에 살아 있는 신비적인 요소를 언제나 간직해 왔습니다. 교회는 언제나 보이지 않는 것, 그리스도의 신비, 복음의 비합리적인 삶을 보도록 초대받아 왔습니다. 오늘날 그렇게 자주 들리는 논쟁, 남성과 여성이 완성되기 위해서는 서로를 필요로 하며, 독신제는 비인간적인 박탈이라고 하는 논쟁에 대해서는 어떻게 말할 수 있겠습니까? 그런 질문에 제대로 대답하는 데는 시간이 필요한데, 결혼한 사람은 모두 행복하고, 혼자 사는 그리스도의 종들은 모두 불완전하고 신경증이 있다고 지나치게 단순화하는 말에 대해서 문제를 제기하는 심리학자들이 적지 않고 또 그렇지 않다는 것을 경험이 입증하고 있습니다. 독신생활의 긴장·좌절·어려움 등은 결혼생활의 그것들과 같지 않겠지만, 그렇다고 해서 그것이 훨씬 크다고 단정짓기는 어려울 것입니다. 떼제의 규칙은 모든 수사들이 '인간적인 것에는 모두 마음을 열라'고 하며, 독신은 그리스도를 위해서 더욱 열린 마음으로 사랑하는 길이라고 합니다."

"독신생활은 하느님의 일에 마음을 더 잘 쓸 수 있도록 커다란 자유를 줍니다. 그러나 그것은 오직 그리스도에 대한 사랑으로 우리의 이웃에게 자신을 더욱 완전히 내어주기 위해서만이 받아들일 수 있는 것입니다.

우리의 독신생활은 온갖 인간적인 애정에 무관심하거나 끊어버림을 뜻하지 않습니다. 독신생활은 인간적 애정의 변형을 요구합니다. 우리의 온갖 열정을 이웃에 대한 온전한 사랑으로 바꾸어줄 수 있는 분은 오직 그리스도밖에 없습니다. 더욱더 커지는 너그러움으로 이기심을 뛰어넘지 못한다거나, 모든 열정에 깃들어 있게 마련인 자기 주장의 요구를 극복하기 위하여 고백의 도움을 받지 않는다거나, 마음이 언제나 크나큰 사랑으로 넘쳐흐르지 않는다면, 당신은 그리스도가 당신 안에서 사랑을 하지 못하게 하는 것이며, 그러면 당신의 독신생활은 하나의 무거운 짐이 됩니다.

우리가 사랑하는 사람들을 위하여 우리의 목숨을 바칠 때처럼 자발적으로 기쁘게 자신을 잊음으로써만 살아나는 것이 마음의 순결입니다. 이와같이 우리 자신을 내주는 일은 우리의 감수성이 쉽게 상처를 받을 수도 있다는 것을 뜻합니다.

순결을 가져오는 고통이 없이는 우정이란 있을 수 없습니다.

십자가 없이는 이웃에 대한 사랑도 없습니다. 우리는 십자가를 통해서만 헤아릴 수 없는 사랑의 깊이를 알 수 있습니다.*

---

* 이 장에서 인용한 떼제의 규칙은 『떼제, 일치의 비유를 실천하는 공동체』*Parable of Community: Basic Texts of Taizé*라는 제목으로 나온 1984년 판이다.

도 전

떼제에는 아주 다양한 배경과 직업을 가진 청장년들이, 아주 진지한 목적을 가지고 찾아온다. 그렇게 많은 젊은이들이 모이는 곳은 아마 이 지구상에 없을 것이다. 그것도 그렇게 기본적인 것만 갖춘 환경을 가지고 말이다. 왜 굳이 떼제를 찾는가? 물론 오래된 성당의 뾰족탑 아래로, 빨간 지붕의 돌집들이 옹기종기 모여있는 경치가 아름다운 것은 사실이다. 계곡 건너 사방에는 들판과 숲이 있고 포도밭이 펼쳐 있는 언덕들이 솟아 있는가 하면, 풀벌레들이 열심히 울어대는 소리만 들려올 때가 많다. 그런데, 아름답고 조용하기로는 아씨시나 몽소레가 더하다. 그런데 하필 외딴 곳에 자리잡고 있는 이 떼제에 수백, 수천 명의 젊은이들이 철을 가리지 않고 몰려들고 있는 이유는 무엇일까?

어떤 사람들에게는 자기 나라 밖에 있는 나라는 모두 "외국"이고 거기에 간다는 것은 휴가나 현실도피를 의미할 때가 많다. 그렇지만 떼제는 휴가 캠프장이 절대 아니고 그렇게 생각하는 사람이 있다면 막상 가서 매우 실망하게 된다. 그렇다고 해서 거기에 참된 기쁨과 축제의 분위기가 배제되어 있다는 소리가 아니다. 공동기도의 노래가 그것을 말해준다. Jubilate Deo ... Surrexit Christus alleluia! 그렇지만 만남의 기쁨이 피상적인 즐거움으로 증발해 버리는 일은 거의 없다. 그 축제가 참된 것이라면, 그것

은 사람들로 하여금 자기 자신이 아닌 다른 사람이 되거나 이 세
상의 고통을 잊도록 부추기지 않기 때문이다. 그것은 가식의 가
면이 아니라 진실 안에서의 만남이다. 첫번째 만남은 자기 자신
안에서의 "내면의 순례"인데, 거기에서 다른 사람들과 만나는 외
면의 순례가 비롯된다. 이는 상대방의 언어를 조금밖에 몰라도
이루어질 수 있다.

　떼제에서 삶의 축제는 우리가 공동으로 노력한다는 의식 안에
서 다른 사람의 짐과 희망을 함께 나누는 것을 내포하고 있다.
서로간의 차이는 엄청나게 클 수 있다. 스페인 사람들은 영국인
과는 다르게 생각하고, 이탈리아인과 스웨덴 사람이 부르는 노래
는 서로 다르다. 폴란드인과 라틴아메리카인들이 교회에 기대하
는 바는 서로 다를지도 모른다. 그렇지만 축제 안에서의 만남은
이러한 요인을 초월한다. 그것은 그리스도, 사랑이시며 우리 모
든 힘겨운 노력에 의미를 주는 그리스도의 살아 계신 현존을 공
동으로 추구하는 것이다. 서로에 대한 신뢰가 싹터서 가면을 벗
어던질 때, 인간적인 가난이 더 이상 감추어야 할 그 무엇이 아
니게 될 때, 비로소 우리는 참된 일치를 향해 나아갈 수 있을 것
이다. 그때 우리는 교회가 무엇을 위해서 부름받았는지 발견할
것이다. 교회는 모든 사람이 일치하는 장소로서 인간 가족의 중
심에서 신뢰와 평화의 누룩이 되라고 부름받은 것이다.

　왜 떼제인가? 사회학자들은 이 대답을 미흡하게 여길지 모르지
만, 관상에 뿌리박고, 자기를 위해 아무것도 남기지 않은 채, 단
하나의 목표를 향해 하느님께 그리고 형제자매들에게 다가가기 위
해 끊임없이 노력하는 남성들의 공동체이기 때문인지도 모른다.

90년대 떼제는 보스니아와 르완다의 난민 가족을 맞이했다.

떼제에서 제시하는 도전에는 적어도 하나의 근본적인 측면이 있다. 여기에는 기도하면서 아프리카의 가뭄, 어디선가의 쿠데타, 인도의 폭동, 방글라데시의 내란, 라틴아메리카에서 게릴라 주모자가 재판 없이 사형선고를 받은 사실 등 전세계의 뉴스에 깨어 있는 사람들이 있다. 그런가 하면 독재정권의 몰락, 다시 태어나는 희망 등 새로운 가능성들에 대한 소식도 있다. 아침 저녁으로 하는 공동기도에서 여러 사람들과 상황들을 위해서 기도하는 소리를 듣고 문득 이것이 일치라는 것을 깨닫는다. 그것은 관심의 표현인 동시에 "그분 지체를 위해 겪는 그리스도의 고통을 함께 나누는 것"이기 때문이다. 여기 기도 안에서 하느님을 경축하는 것은 "그리스도가 주시는 일치를 살고 다른 사람들을 위한 일치가 되라는" 이 도전으로 충만하다. 침묵과 아름다움이 깃들어 있는 관상의 공간, 화해의 교회가 벽 아래 아름다운 무늬를 통하여 은은히 흘러들어오는 햇살과 함께, 혹은 저녁의 고요한 어둠 속에서 여러분을 환영한다. 작은 불빛들이 여러분의 시선을 제단으로, 마리아 이콘으로, 감실로 이끈다. 종이 울리고, 노랫소리가 침묵을 채우고, 다시 침묵으로 돌아가고, 긴 침묵이 우리 모두를 하느님 안에서 하나되게 한다. 주일 아침, 그 주간의 절정인 성체성사, 그리스도의 몸과 피를 나누기 … 당신은 사람들이 밤늦도록 성당 안에서 엎드리거나 그저 앉아 기다리면서 기도하는 것을 보게 될 것이다.

왜 떼제인가? 여기 오는 젊은이들은 자기를 속이는 사람이 없다는 것을 아는 것 같다. 기도가 오늘의 세상으로부터 도피가 아니란 걸 안다. 평화와 정의에 대한 문제가 토의 그룹에서 제기될 때면, 좀 내향적인 그리스도인들은 갈피를 못 잡게 되는데, 그럼에도 불구하고 찬미 예수는 여전히 모든 것의 중심이 되는 축이 된다. "세상이냐 그리스도냐"가 아니고, "그리스도 때문에 인류 전체"인 것이다.

"그런데 그 말을 정의해 보십시오", "좀더 정확히 말씀해 주십시오", "어떤 의미에서 그렇게 말씀하십니까?" ― 우리는 언제나 사람들을 끌어내려 안이하고 고정된 우리 사고방식 속에 집어넣으려 한다. 그러는 동안 주위 세상에서는 삶이 진행되고 있다. 사람들이 서로 분열되고 있고 우리에게 급히 할일을 제시한다. 삶을 발전시키기 위해, 화해하고, 불신이 있는 곳에 일치를 가져다주고, 분열을 치유하는 것, 어느 것 하나 쉬운 것이 없다. 사람들과 사물들을 "옳으냐 그르냐", "좋으냐 나쁘냐", "똑똑하냐 어리석으냐", "성공이냐 실패냐" 등으로 비교하고 대립시켜 분리하기가 훨씬 쉽다. 환영하고 상반되는 것을 함께 묶는 등 다른 길은 어떨까? 너무 애매한가? 번뇌를 느낄 때가 많을 것이다. 그것은 우리가 그것 외에는 아무것도 원하지 않는다는 것을 확실히 할 때 가능해진다. 화해의 길은 모호하고 불확실할 수밖에 없지만, 앞으로 나아가도록 이끄는 좁은 길이다. 길 양편에는 긴장이 있지만 길을 따라가다 보면 그리스도와 다른 사람들 그리고 모든 사람들과 일치를 이룰 수 있다. 그 길을 따라가는 사람들의 움직임이야말로 진정한 "떼제의 이야기", 그 비밀스런 역사다. 그렇지만 도대체 그것을 쓸 수 있는 사람은 누구이겠는가?

그리하여 삶도 떼제도 계속된다. 거기에는 도전이 있다. 끝내야 하는 것은 이 책뿐이다.